VIE DE M. VIENNOIS

OUVRAGES DU MÊME AUTEUR

LYON. — IMP. EMMANUEL VITTE, RUE CONDÉ, 3o

VIE

DE

M. VIENNOIS

CURÉ FONDATEUR

DE LA

PAROISSE DE SAINT-JOSEPH

A LYON

PAR

L'Abbé L. LAPLACE

Chanoine honoraire de Belley

LYON

Librairie générale catholique et classique

EMMANUEL VITTE, DIRECTEUR

Imprimeur de l'Archevéché et des Facultés Catholiques

30, RUE CONDÉ, 30

—

1893

doute, moins resplendissantes des merveilles de la grâce. Seraient-elles dépourvues de tout intérêt et de toute utilité pour les âmes? Et la biographie contemporaine ne devrait-elle pas les recueillir avec un soin pieux? Tel ou tel héros de la charité et du devoir, héros inconnu d'ailleurs et qui n'a d'autre prestige que celui d'un grand cœur tout dévoué aux intérêts de Dieu et des hommes, nous édifiera d'autant plus, qu'il se rapproche de nous tous par l'obscurité même de sa vie, et que sa vertu nous paraît plus abordable.

Avouons-le, notre lâcheté est si grande que l'héroïsme de certains Saints nous effraye parfois, au lieu de nous encourager. Leurs vertus extraordinaires ne nous causent pas moins de stupeur que d'admiration, et combien de fois, en lisant leur vie, le livre nous est tombé des mains, et nous nous sommes écrié : Ils sont trop saints! Ces âmes volent trop haut ! Ce serait de la pré-

somption de viser à une perfection pareille.
Et nous nous autorisons des sublimes générosités des Saints pour excuser nos propres défaillances.

Dieu n'abaisse pas pour autant le niveau de la sainteté. Il y a encore, il y aura toujours des âmes de trempe héroïque qui aimeront Notre-Seigneur jusqu'à l'entier sacrifice de soi, jusqu'à la folie de la croix, et qui en traversant le siècle le réveilleront de sa torpeur. C'est la cohorte d'élite, en qui l'Eglise aime à voir sa gloire la plus pure, et la grâce, son plus beau triomphe ; c'est le groupe de fiers et nobles chrétiens qui, du milieu de nos hontes et de nos lâchetés, donnent la main aux apôtres, aux martyrs, aux grands solitaires des premiers temps.

Mais à côté de ces saintetés éclatantes et exceptionnelles, il en est d'autres qui sont à notre portée et qui nous laisseraient sans excuse, si nous n'essayions pas de

✝

ÉVÊCHÉ

DE

BELLEY

Belley, le 16 Mars 1893.

MONSIEUR LE CHANOINE ET CHER AMI,

Etant en cours de visite pastorale, je n'ai pu lire que les premières feuilles de la *Vie de M. Viennois*. Mais cette lecture a suffi pour me faire aimer le héros et apprécier l'auteur de cette très intéressante biographie. L'auteur, je le connaissais d'avance, et je savais toute la distinction de son esprit et la délicatesse de ses sentiments. Le héros, vous me faites regretter de ne l'avoir pas connu vivant. Quelle figure attachante! quel généreux caractère! quel noble cœur! quelle foi, quel zèle! Qui n'aimerait cette nature exubérante, impétueuse, dont la grâce, fidèlement obéie, a tourné vers le bien toutes les énergies? Certes, chez le disciple de M. Coudour et de Mgr Baudry la vertu ne fut point la dotation sans mérite d'un heureux tempérament naturel ; et les qualités éminentes que l'on admira dans le curé de Saint-Joseph de Lyon, furent bien de vraies et réelles vertus acquises au prix d'efforts héroïques et d'une lutte incessante et toujours victorieuse contre soi-même.

Proposer de tels modèles à l'imitation du clergé, mettre en évidence une physionomie si capable de faire apprécier la vertu de la religion pour diriger vers le bien les natures les plus difficiles à dompter, c'est assurément faire œuvre utile et louable. Je suis donc heureux de vous féliciter d'avoir écrit, et cela avec le talent, le cœur, la piété, qui marquent toutes vos œuvres, une vie si édifiante : le succès qu'elle mérite ne saurait lui manquer.

Veuillez agréer, cher Monsieur, l'assurance de mon affectueux dévouement en N.-S.

† LOUIS-JOSEPH,
évêque de Belley.

AVANT-PROPOS

ES *pages sont une œuvre de piété filiale. Le jour où la paroisse de Saint-Joseph eut perdu le bon et pieux prêtre qui l'avait fondée, elle nous demanda, à nous qui l'avions connu, de fixer les traits de cette physionomie morale si attachante et si expressive. La mort de M. Viennois faisait autant d'orphelins que sa paroisse comptait de bons paroissiens, et chacun voulait avoir ce portrait du père bien-aimé.*

*Peut-être nous sommes-nous un peu at-
tardé en étudiant cette vie de prêtre, si simple, mais si belle dans son unité, et notre travail a dépassé les limites que nous nous étions
imposées d'abord. Mais nous en avons la
pleine confiance, ceux qui ont connu M. Viennois ne songeront pas à s'en plaindre.
Puissent-ils trouver en ce petit livre, en
même temps qu'un souvenir doux à leur
cœur, une édification précieuse à leur âme !
Puissent aussi les lecteurs auxquels le nom
du bon curé et celui de sa paroisse auraient
été jusqu'ici également inconnus, devenir
meilleurs au contact d'un prêtre qui a fait
tant de bien !*

*A tous les rangs de notre société chré-
tienne, et souvent dans les positions les plus
modestes, on trouve des mérites supérieurs
auxquels il serait bon de faire une place
dans l'histoire du bien. Les pages qui leur
seraient consacrées feraient suite à la Vie
des Saints; elles seraient moins belles sans*

Lyon, 21 mars 1893.

Cher Monsieur le Chanoine,

En écrivant, comme vous venez de le faire, la vie de M. Viennois, curé de Saint-Joseph, vous avez, je le sais, obéi à l'impulsion de votre cœur; mais je tiens à vous dire combien vous répondez au désir et à l'affection de ses nombreux amis; c'est à ce dernier titre que je viens vous remercier. Pour fixer le souvenir d'une personnalité aussi puissante et aussi peu banale que la sienne, il fallait analyser, comme vous l'avez fait, cette nature bouillante jusqu'à l'emportement que la grâce a rendue maîtresse d'elle-même jusqu'à l'héroïsme de la patience; nous faire connaître l'écolier indomptable avant de nous montrer le curé enchaîné par le devoir à son poste, au milieu des enfants, des pauvres, de tous ceux dont Dieu l'avait fait le père, et ne les quittant que pour aller ailleurs plaider leurs intérêts.

Pour nous, témoins de ces différentes phases
de sa vie, ces pages ont cet intérêt tout particulier des séries de photographies qui nous
présentent aux diverses périodes de son existence un même être chéri. Pour tous elles
renferment de grandes leçons, en montrant par
quelles voies l'âme s'élève par la lutte pour
Dieu contre elle-même et parvient, de victoire
en victoire, à ce degré de vertu, qui, malgré
toute son humilité, attire non seulement l'admiration et les louanges, mais bien plus encore la
vénération et l'imitation des âmes soucieuses
de leur perfection.

Au mérite d'avoir bien compris la grandeur
du sujet, vous ajoutez celui de l'avoir bien
rendu. Votre livre sera donc bien accueilli ; on
le lira avec reconnaissance, avec fruit, et il
restera ; je vous en félicite de grand cœur.

Agréez, cher Monsieur le Chanoine, l'assurance de ma bien affectueuse estime.

† PIERRE-MARIE,

Evêque de Clermont.

les imiter. Celles-là ne sont point rares; elles apparaissent sur tous les points, dans l'Eglise, comme la moisson que le divin Sauveur a jetée dans une terre féconde et qui mûrit sous le soleil de la grâce. Combien de prêtres, de vierges, de simples chrétiens ignorés du monde, perdus dans les détails insignifiants d'une vie commune, et admirables cependant par une sainteté qui n'est autre que la constante fidélité au devoir, l'invincible horreur du mal et le dévouement au prochain ! L'Eglise a la mission de former des Saints; elle les suscite partout, elle les élève au-dessus des misérables affections de ce monde ; par ses prières, par ses œuvres, par ses sacrements, elle les amène peu à peu au degré de perfection que la bonté de Dieu leur assigne, et malgré le monde, le démon et la chair, en dépit des erreurs et des passions conjurées, elle en peuple le ciel et la terre.

Le groupe auquel il appartient de fournir

le meilleur contingent dans l'armée des élus, c'est le sacerdoce. Le prêtre vit au milieu des divins mystères, il en reçoit tout le premier la vertu sanctifiante. Le prêtre, c'est Jésus-Christ continué sur la terre, Sacerdos alter Christus, c'est le sacrifice d'expiation se célébrant chaque jour sur nos autels, c'est à perpétuité la vie donnée aux âmes, le pardon accordé au pécheur, le salut enfin assuré à l'humanité.

Et voilà pourquoi la même haine d'enfer qui poursuivait le divin Sauveur, s'acharne après le sacerdoce chrétien. On le persécute, on entrave son ministère de mille façons, on le calomnie, on le dévoue au mépris et à la haine de tous, on l'accable d'outrages. Ah! si on pouvait le faire tomber, et salir la robe immaculée du sacerdoce de Jésus-Christ !

Mais pour l'honneur du nom chrétien, les âmes sacerdotales sauront se préserver des souillures du monde et ne pas déchoir de ce haut rang de sainteté où la grâce de Dieu a daigné les établir.

Qu'on nous permette aujourd'hui de prendre dans les rangs du clergé paroissial une figure qui certainement ne s'attendait pas à être ainsi mise en vue. En la montrant au public, nous avons le droit de dire : Voilà le prêtre, ce prêtre si indignement calomnié et méconnu! Vous pouvez lire au fond de son cœur, vous n'y trouverez que la charité, l'oubli de soi et le don de soi-même aux autres. Pendant que tant d'hommes recherchent les plaisirs faciles, ne travaillent que pour arriver à la fortune, et n'usent de la fortune que pour satisfaire une soif immodérée de jouissances, comme si le but de la vie ici-bas était de jouir, celui-ci, trouvant dans sa foi de plus généreuses inspirations, ne songe qu'à faire du bien autour de lui. Jeune, riche, intelligent, plein de cœur, il étouffe en lui la voix du plaisir, il veut être prêtre;

prêtre, il se dévoue, âme, corps et biens, à tous ceux qui souffrent et qui ont besoin de lui, et dans sa modeste action de curé, il fait plus pour le soulagement des malheureux et pour l'avancement de la question sociale que tous les hommes politiques ensemble par leurs plus retentissants discours.

L'exemple du dévouement est d'autant plus précieux, à cette heure d'égoïsme universel, qu'il devient plus rare. Nous n'hésitons pas à publier la vie du modeste curé de Saint-Joseph. Mort, il parlera encore de prière, de soumission à la volonté de Dieu, de simplicité chrétienne dans la vie, de charité surtout, et ce sont des leçons qu'il est toujours bon d'entendre.

CHAPITRE PREMIER

ENFANCE ET VOCATION

L E milieu où la Providence fit naître Alfred-Georges Viennois devait être pour lui un gage de prédestination. C’était une de ces vieilles familles lyonnaises, riches d’enfants et d’honneur, chez lesquelles l’esprit de foi, la simplicité de la vie, l’ordre et la probité commerciale sont traditionnels.

Il naquit en 1835, le 25 décembre, date chère aux bons chrétiens et beau jour vrai-

I

ment pour venir au monde. Son père, très honorable négociant, était à la tête d'une importante maison de toilerie et de rouennerie. Plus chrétien qu'on ne l'était généralement vers cette malheureuse époque de 1830, il aimait à contribuer généreusement à toutes les bonnes œuvres qui étaient à sa portée, et ne manquait jamais de faire la prière en commun le soir avec sa famille et ses enfants. Mme Viennois, née Perrichon, réunissait en sa personne les qualités d'une charmante nature et les vertus solides de la foi. Toute au soin de sa maison, à l'éducation de ses enfants, douce et bonne autant que pieuse, elle répandait la joie autour d'elle, mais s'attachait plus encore à pénétrer des pensées et des sentiments de la religion chrétienne les chers petits êtres qui lui étaient confiés.

Ce don d'une mère chrétienne, qui est le don par excellence, ne fut pas perdu pour Alfred. Il aimait à entendre sa mère lui

parler de l'Enfant Jésus, de la sainte Vierge,
de son ange gardien, et son âme naïve s'ou-
vrait toute grande aux saintes affections de
la piété. Toutefois, par un contraste que
l'on devait remarquer jusque vers les années
de sa complète formation, dans cette nature
qui s'imprégnait de jour en jour des char-
mes et des énergies de la foi, apparaissaient
aussi des défauts d'une certaine gravité :
Alfred était volontaire, impétueux et même
colère : pour une simple contrariété, pour
un jouet qui lui était refusé, il poussait des
cris, s'emportait et aurait volontiers battu
frères, sœurs, ou petits compagnons. Il est
vrai que chagrins et colères d'enfants durent
peu. Devant l'intervention toujours souriante de la mère, la réconciliation se faisait
vite, les chants et les frais éclats de rire
reprenaient leur cours, et la joie régnait à
peu près en permanence au n° 9 de la rue
Bât-d'Argent, où était né celui que Dieu
destinait à un si fécond apostolat.

Ces chers souvenirs d'enfance, l'abbé Viennois, plus tard, y revenait avec bonheur. Nul n'a eu plus que lui le culte de la famille; ç'a été comme le premier fond de sa nature, ce fond durable et persistant, que l'on retrouve sous toutes les tranformations que le temps apporte aux caractères. Quand, à Saint-Joseph, il rassemblait sa paroisse, qu'il se retrouvait, père radieux de bonheur au milieu d'un groupe de fidèles serré autour de lui, récitant avec lui les saintes prières, ses impressions d'enfant lui remontaient au cœur, son esprit se reportait à son premier idéal, au foyer paternel, à ce milieu de pudeur, de piété, d'amour mutuel, d'union intime et joyeuse, où était éclose la vie de son âme; et avec quelle touchante insistance le mot de *famille* revenait sur ses lèvres sacerdotales !

Parmi les grâces de choix qui lui furent faites au sortir même du berceau, il en est une qui eut sur sa formation première

et sur l'avenir qui l'attendait une influence
aussi puissante qu'heureuse. Une figure de
prêtre idéalement belle et pure passa devant ses yeux, à l'aurore même de sa vie,
pour rester toujours dans ses rêves et dans ses
affections. M. et Mme Viennois avaient tenu
sur les fonts baptismaux et comme adopté
un enfant qui depuis lors avait marché vers
de hautes et saintes destinées. L'abbé
Desflèches, leur filleul, était considéré chez
eux comme étant de la famille et l'aîné de
leurs enfants. Lui-même s'était donné à sa
famille adoptive avec tout le dévouement
qu'on peut attendre d'un fils et d'un frère.
Un jour, lorsqu'il fut prêtre, il annonça que
Dieu lui demandait la séparation d'avec
ceux qu'il aimait; il entrait aux Missions
Etrangères et partait bientôt pour la Chine.
Mais ce n'était point sans faire de touchants
adieux.

« Voilà donc, écrivait-il, voilà donc le
moment arrivé, cher parrain et chère mar-

raine. Un grand espace va nous séparer, mais nos cœurs seront toujours réunis et rien ne pourra jamais me faire oublier ceux qui se sont faits ma providence sur cette terre, non, rien !

« Ne croyez pas, cher parrain, que je vous quitte sans qu'il y ait de ma part un véritable sacrifice. Je vous aime trop pour qu'il puisse en être autrement ; mais un coup d'œil vers le ciel suffit pour me consoler. Et, s'il n'y avait pas espoir de se revoir un jour, ne serait-il pas affreux de se séparer ici-bas ? Ah ! non, cher parrain et chère marraine, bienfaiteurs généreux, vous que mes affections confondent avec ma famille, nous ne nous disons pas un éternel adieu, notre religion nous en donne la confiance. Chaque jour, à la messe, je supplierai Notre-Seigneur de nous réunir un jour dans sa gloire, où nous avons déjà tant de parents et d'amis.

« Adieu, cher parrain et chère marraine,

parlez de moi à Alfred, à Félix, à Marie. Ces bons petits enfants, je ne les oublierai certainement pas. »

Le jeune missionnaire ne fut pas oublié non plus dans sa chère famille d'adoption. On parlait de lui souvent, on disait combien il était sage, combien pieux et généreux. Puis quelle joie, lorsque arrivait, du fond du Sutchuen oriental, une bonne et longue lettre, où il mettait tout son cœur de fils et de frère, et où il racontait ses voyages, ses dangers, qui ne lui enlevaient rien de sa gaieté française, ses luttes d'adresse avec les mandarins chinois, les travaux et les angoisses de son apostolat béni de Dieu, sans doute, mais non satisfait de ses faibles conquêtes, quand il restait tant de milliers et de millions de païens à convertir !

Un jour, le 3 septembre 1843, il termine une grande lettre de ce genre, en ajoutant négligemment : « Avant de finir, je vous annoncerai qu'on a pris votre filleul pour en faire un évêque. C'est bien mal choisir. Certaines circonstances m'ont mis dans le cas de ne pouvoir refuser jusqu'à la fin. Priez Dieu d'alléger ce fardeau trop lourd pour mes faibles épaules et de me donner les lumières, la piété et le zèle nécessaires. »

On comprend quelle impression devait produire sur le jeune Alfred le souvenir aimé du missionnaire et comme la pensée de tant de foi et de dévouement devait tenir son âme en haleine et toute droite vers Dieu.

La mort avait déjà visité deux fois le foyer de M. Viennois et emporté deux anges de la terre au ciel. Il restait à Alfred un frère aîné, Félix, qui venait d'entrer au collège, et trois sœurs plus jeunes. Quant à lui, ayant appris à lire sur les genoux de sa mère, commençant à écrire, il avait déjà toute la petite instruction élémentaire qu'il pouvait recevoir dans sa famille, et le temps était venu de le mettre entre les mains d'éducateurs sérieux.

Depuis 1839 s'était établi, sur les flancs de la colline de Fourvière, dans l'ancien couvent des Lazaristes, ce pensionnat des Frères de la montée Saint-Barthélemy qui a donné au commerce lyonnais tant de jeunes gens instruits et croyants. Négociants heureux dans leurs affaires, ouvriers enrichis par leur travail, y mettaient également leurs enfants. Alfred Viennois y vint à son tour au mois d'octobre 1848.

Quand il se vit sur ces grandes terrasses, au milieu de tant de petits camarades de son âge, il n'en fut pas plus intimidé ; son caractère résolu s'accommoda facilement de cette vie nouvelle, moins bornée et moins pacifique que celle de la famille ; ses qualités et ses défauts s'y affirmèrent à l'aise et il fut bientôt, sur la cour, l'un des plus ardents et des plus bruyants au jeu.

1.

Et ce même enfant, si plein d'entrain et quelquefois si dissipé, à peine entendait-il sonner l'heure de la prière, on le voyait tout à coup devenir grave et sérieux, essayer de réprimer son ardeur naturelle, de recueillir ses pensées et de prier comme il avait vu prier sa mère. Ce qu'il apprenait avec le plus de plaisir et de facilité, c'était son catéchisme.

On ne fut pas longtemps sans s'apercevoir que l'horizon de ce monde ne suffisait pas à cette délicate et belle nature ; il y avait dans le cœur de cet enfant des besoins supérieurs, dans son esprit des tendances instinctives vers le haut, je ne sais quoi de noble et de généreux qui appelait une carrière libérale, peut-être quelque chose de plus.

Il fut donc décidé, au bout de deux ans, qu'il ferait ses études classiques, et comme on sentait qu'il fallait respecter dans cette âme de choix le don de Dieu, et l'entourer de soins pieux, afin de le conserver et de l'augmenter s'il était possible, on confia l'enfant à des mains sacerdotales : Alfred fut mis à l'Institution des Minimes, où d'ailleurs son frère Félix l'avait précédé de trois ans.

Le vénéré fondateur de cet établissement, M. Dettard, venait de mourir cette année même, pleuré de cette jeunesse qu'il avait si tendrement aimée; mais les traditions qu'il y avait fait naître devaient y rester toujours. Dans cette maison si jeune encore, puisqu'elle ne comptait pas vingt ans d'existence, mais déjà florissante et réputée à l'égal des vieux collèges, régnait le plus pur esprit de famille, fait de la paternelle affection dont les maîtres, à l'exemple de leur ancien supérieur, entouraient leurs élèves, et de la filiale confiance par laquelle ceux-ci y répondaient.

Alfred, dont le cœur était ouvert par l'habitude de tout aimer autour de lui, sans

restriction et sans contrainte, prit dès le
premier jour le genre de la maison et se
livra avec un entier abandon à la direction
de ceux qui avaient à s'occuper de son travail, de ses jeux, de son âme. M. Reverdy
remplissait alors les fonctions de directeur :
l'enfant eut avec lui des rapports d'âme intimes et profonds qui firent naître plus
tard, malgré la différence d'âge, une touchante amitié. Cependant ce ne fut pas
M. Reverdy qui le prépara à sa première
communion, mais bien M. Thivillier, dont
il aima toujours à rappeler le nom. Comment fit-il ce grand acte, duquel dépend si
souvent la conduite de la vie ? Sauf le jour,
qui fut le vendredi, fête du Sacré Cœur, les
détails nous manquent à cet égard. Mais
le nom de M. Thivillier resta étroitement
uni à ce souvenir sacré, et quand, devenu
vicaire ou curé, M. Viennois faisait la préparation immédiate à la première communion, il ne manquait pas de dire aux en-

fants : « N'oubliez pas, n'oubliez jamais le prêtre qui vous a fait faire votre première communion. »

Le jeune élève resta plus d'une année sous ces salutaires influences; il aimait à communier et il sentait grandir en son cœur une affection chrétienne qui était également bien dans les traditions minimoises, l'amour de la sainte Vierge.

Les saluts solennels, tout resplendissants de lumière et d'harmonie, que l'on faisait à la Reine des Cieux, avaient frappé son imagination d'enfant et avaient développé en lui un sentiment de tendre dévotion envers Marie, qu'il avait déjà reçu de son éducation première.

L'amour de la sainte Eucharistie et l'amour de Marie furent les deux vertus qui lui permirent de se conserver pur à travers la longue et terrible crise par laquelle il allait passer.

Alfred était d'une nature trop exubérante

pour qu'il pût échapper à l'épreuve si critique parfois des deux ou trois années d'adolescence qu'on a si justement nommées l'âge ingrat. L'âge ingrat ! qui ne le connaît, pour peu qu'il ait été chargé du ministère de l'éducation ? Quel père, quelle mère, quel prêtre n'a tremblé à l'heure où les passions s'éveillent dans un cœur resté pur et ingénu jusque-là, où des bouffées d'indépendance montent, enivrantes et folles, à ces pauvres jeunes têtes effervescentes, où la volonté, aussi incapable de se maîtriser elle-même qu'impatiente de tout frein, s'en va à l'aventure des influences et des impressions passagères ? Tout ce qu'il y a de forces vives dans ces chers enfants est en ébullition, et c'en serait fait à jamais de la vertu du jeune homme, si la piété n'était là pour contenir les écarts de ses passions naissantes.

Dieu fit à Alfred Viennois la grâce de conserver dans toute sa fraîcheur et sa délicatesse celle des vertus qui est à la fois la plus précieuse et la plus exposée, la pureté. Mais, pureté à part, le jeune collégien fut, à un moment donné, un parfait étourdi. Son humeur batailleuse d'autrefois lui était revenue, et, pouvant s'exercer sur un plus vaste champ, elle lui faisait souvent échanger avec ses camarades de ces horions fraternels qui blessent plus la bonne éducation que l'amitié. Ses infractions au règlement de la maison étaient fréquentes, et quant aux surveillants et aux professeurs, s'il pouvait leur jouer ce qu'on appelle un bon tour, cette perspective avait pour lui un charme particulier auquel il ne résistait pas. En un mot, parmi les quelques joyeux compagnons, amis du tapage, comme il s'en trouve toujours d'égarés dans les meilleurs collèges, parmi ceux qui riaient en étude, causaient sur les rangs et auxquels il arrivait parfois de casser à coups de pierres les vitres de leurs classes, on trouvait toujours Alfred Viennois.

Ces détails étonneront certaines âmes qui n'ont connu M. Viennois que comme un saint prêtre, éminemment vertueux et maître de lui-même. Mais nous les tenons de source certaine, et nous avons quelque plaisir à les reproduire ici. Il est des éducations particulièrement difficiles, on rencontre parfois des enfants pénibles, sur lesquels ni l'affection ni la raison ne semblent avoir prise, et l'on est tenté de se décourager à cette œuvre ingrate de leur formation. Que ce nouvel exemple rende confiance à des parents désespérés ! L'adolescent le plus turbulent peut, avec la grâce de Dieu, devenir un saint jeune homme.

Dans la famille d'Alfred on ne voyait pas sans inquiétude les écarts du cher et joyeux étourdi. Sa mère surtout en gémissait, et elle faisait part de ses alarmes aux prêtres qui élevaient son fils. « Rassurez-

vous, Madame, lui dit un jour M. Thivillier; si Alfred tournait mal, il vous ferait
verser bien des larmes, une fois sorti du
collège ; mais Dieu aime cette âme, il lui a
fait des dons de choix ; quand la crise sera
passée, Alfred sera votre orgueil et votre
joie. »

Toutefois la crise était longue au gré de la
pieuse mère. Souvent on la voyait monter
aux Minimes ; le mardi attendant près de
la porte du collège, ou au pied de la croix
qui lui fait face, elle guettait le retour de
la promenade, et si elle pouvait arrêter
son fils quelques secondes, elle lui murmu-
rait à l'oreille, entre deux baisers, ses recommandations de sagesse. Le dimanche
et le jeudi, jours de parloir, elle le gardait
auprès d'elle le plus longtemps possible,
le questionnant sur ses études, ses jeux,
ses camarades, lui faisant entendre à l'occasion des conseils, ou de tendres reproches.

Un jour Alfred, plus dissipé que jamais,

s'était oublié jusqu'à manquer de respect à l'un de ses maîtres. Désolée d'apprendre cette nouvelle, sa mère, qui était venue au parloir ce jour-là, le pressa d'aller faire des excuses pour réparer complètement sa faute, et de profiter de l'occasion pour séparer enfin sa cause de celle des tapageurs. Un violent combat se livre dans le cœur du jeune coupable, en apparence cependant il reste insensible. Alors, à bout d'exhortations, désespérée, sa mère éclate en sanglots. Alfred s'émeut.

« Moi ! s'écrie-t-il, moi ! faire pleurer ma mère ! oh ! non, jamais ! » Et, sanglotant lui-même, il la quitte brusquement et court faire les excuses les plus complètes et les plus attendrissantes.

Le fait se passait quelques jours avant les vacances de 1849 ; il fut le point de départ de dispositions toutes différentes qui se fortifièrent, deux mois durant, dans la saine atmosphère de la famille ; puis le jour de la rentrée venu, Alfred parut un autre homme, on ne le reconnaissait plus : autant il avait été jusque-là espiègle, dissipé, querelleur, autant il se montrait maintenant respectueux et prévenant envers ses maîtres, bon pour ses camarades, fidèle observateur du règlement.

Ce n'est pas que le caractère fût déjà changé : devant certaines contrariétés, on retrouvait la violence de sa nature, jusque dans les efforts qu'il faisait pour se contenir ; il se contenait pourtant, et ne manquait plus jamais à la patience, ni à la douceur. Son impétuosité naturelle ne se faisait jour désormais que dans l'ardeur extraordinaire qu'il mettait à jouer. Sitôt la classe finie, il se précipitait sur la cour en poussant des cris de joie, organisait les jeux et s'y jetait lui-même tête baissée.

Et comme la piété est utile à tout, selon le langage de saint Paul, mais surtout aux vertus qui demandent de généreux efforts, le travail d'Alfred fut dorénavant plus sérieux et plus soutenu, et le succès le couronna.

Depuis la troisième jusqu'à la philosophie, il alla en gagnant des places, et dans cette dernière année, il était presque à la tête de sa classe, souvent second, quelquefois premier.

Depuis sa conversion, Alfred avait pris pour directeur M. Ducret, vieux professeur de dix-huit ans d'exercice, zélé pour la gloire de Dieu et qui demanda alors à entrer dans le ministère paroissial, où il devait faire le plus grand bien. M. Coudour, qui lui succéda dans la chaire de philosophie, hérita également de la confiance de ses pénitents. Tous les samedis, à l'étude du soir, une quinzaine des plus grands élèves venaient se confesser à lui pour communier le lendemain. Parmi ces jeunes gens qui donnaient ainsi le bon exemple, se faisait remarquer Alfred Viennois, le plus ardent de tous, et mettant dans sa piété et dans son zèle une pointe d'originalité, que du reste il a gardée jusqu'à la fin de sa vie. Il n'avait d'ailleurs rien perdu de sa pétulance native, toujours exubérant dans l'expression de ses sentiments, toujours pressé et courant. Un jour M. Coudour le fait appeler dans sa chambre; il entre tout joyeux et va à son cher professeur, rencontre une chaise, n'y prend pas garde, tombe avec la chaise, va rouler sur le parquet et se relève en riant aux éclats.

A la suite de sa classe de philosophie, au mois de novembre 1853, les parents d'Alfred voulurent qu'il se présentât au baccalauréat ès-lettres, et, en effet, il obtint le précieux diplôme, accompagné d'une mention très honorable.

Mais alors se posa la grave question de son avenir. Vers quelle carrière l'orienter? Comment utiliser les connaissances acquises et les qualités remarquables de cœur, d'intelligence et de volonté, que l'éducation chrétienne avait fait grandir en ce jeune homme? Alfred avait depuis longtemps un désir et une chère espérance qu'il caressait dans le secret de son âme. Un moment il crut qu'il allait les réaliser de la façon la plus parfaite, en se faisant religieux. Le père Lacordaire était venu à Lyon ; sa renommée, sa vertu, sa parole pénétrante et chaude attiraient à lui tout ce qui était jeune, pur, généreux. Alfred, nature enthousiaste, aurait voulu s'attacher à ses pas et travailler, sous la direction d'un tel maître, à la gloire de Dieu et au salut des âmes. Sur ses instances, M. Coudour vit l'illustre dominicain, le mit au courant de la situation et demanda si son pénitent pouvait espérer être admis dans l'Ordre. « Il est trop jeune encore, répondit le père Lacordaire ; qu'il fasse d'abord ses études théologiques, qu'il réfléchisse, et après, s'il vient à nous, nous l'accueillerons à bras ouverts. »

La Providence devait en disposer autrement. Sans s'opposer au désir qu'avait son fils d'être prêtre, ou même religieux, M. Viennois voulait qu'il étudiât sa vocation et qu'il l'éprouvât. Qui le pressait? Il n'avait pas même dix-sept ans ! Puisqu'il venait de remporter un si brillant succès au baccalauréat, ne ferait-il pas mieux de poursuivre ses études littéraires et de préparer sa licence ? L'année serait ainsi très utilement employée et Alfred aurait le temps de réfléchir.

Il fut donc décidé qu'il se préparerait à la licence, et on le mit sous la direction particulière de M. Hignard, professeur à la faculté des lettres. Jamais professeur plus distingué n'eut élève plus consciencieusement appliqué à sa noble tâche. On voyait dans ce jeune homme une telle ardeur au travail, et on sentait tellement que cette ardeur venait non pas d'une ambition, d'un désir de réussite, d'ailleurs

très légitime, mais de l'idée du devoir, que
ses professeurs ne pouvaient se défendre
pour lui d'un sentiment d'estime profonde,
voisin de la vénération. Il en est qui devaient donner quelques années plus tard à
leur élève une preuve bien touchante de
leur respect et de leur confiance en lui.
M. Viennois, tout jeune prêtre et dernier
vicaire de Saint-Nizier, devenait le directeur
de M. Heinrich, doyen de la faculté des
lettres, et de M. Ernest Faivre, doyen de
la faculté des sciences.

Il y a quelques années, celui qui écrit ces
lignes célébrait le Sacrifice de la messe
dans la pauvre petite église de Saint-
Joseph, le matin du premier jour de l'an.
Quand il se retourna pour donner la sainte
communion, il vit à ses pieds un monsieur
à la barbe blanche, à la figure distinguée,
douce et fine comme celle de saint François
de Sales.

Et les yeux de ce fervent chrétien qui

attendait la sainte communion étaient tout mouillés de larmes pieuses. C'était M. Heinrich ; il était venu de bon matin offrir ses souhaits au père de son âme, M. Viennois, demander sa bénédiction et recevoir dans son église le Dieu qui met au cœur du vieillard, comme en celui du jeune homme, des joies célestes et des forces invincibles.

On conçoit que la jeunesse formée par de tels maîtres se passionnât pour le bien. Comme son ami E. Léotard, comme la plupart de ses condisciples, Alfred demanda à faire partie de la société de Saint-Vincent de Paul, afin de joindre à la dignité de sa vie l'exercice de la charité. Il fut admis à la conférence de Saint-Pothin, sur la présentation de son professeur, M. Hignard, et en devint un des membres les plus assidus et les plus actifs. Que de fois il pénétra dans les plus affreuses masures des Brotteaux, y apportant aux pauvres gens qui les habitaient, avec le bon de pain traditionnel, le sourire de sa sympathie et de sa foi religieuse, et préludant ainsi, sans le savoir, à tant de visites du même genre qu'il devait faire plus tard en qualité de curé !

Toutefois, dans le groupe de jeunes gens qui suivaient cette année-là le cours préparatoire à la licence, se trouvait un étudiant qui, sans travailler guère moins qu'Alfred Viennois, fréquentait beaucoup moins les églises et les cercles pieux, et qui devait suivre une direction bien différente. Il s'appelait Louis Andrieux.

Quelques années plus tard, avocat au barreau de Lyon, son esprit délié et entendu aux affaires, sa verve caustique et intarissable le mettent en vue, les événements de 1870 en font un personnage politique : il devient député, puis préfet de police, à ce titre il exécute les fameux décrets de 1880 et préside lui-même, en gants gris perle, à l'expulsion des Jésuites de Paris. Un instant même on l'a vu ambassadeur en Espagne. Puis, tout à coup, la fortune cesse de souffler dans ses voiles, les sectes maçonniques l'abandonnent, et maintenant, simple avocat comme avant, triste épave du suffrage universel, il attend que le flot populaire qui le rejeta, il y a quelques années, veuille bien le reprendre. Et qui sait si les pires hontes qu'ait vues la patrie, et au milieu desquelles il vient de trouver une si retentissante réclame, ne seront pas pour lui l'occasion de revenir aux régions du pouvoir ? A cette existence si brillante par moments, mais vide et tourmentée, qui ne préférerait la vie modeste mais féconde de l'humble prêtre qui n'a jamais agi que par devoir et qui, sans bruit, a fait tant de bien ?

Au bout d'un an de travail, Alfred se présenta à la licence ès lettres, au mois de juillet 1854. Ses compositions furent bonnes et il fut déclaré admissible, mais à l'oral il se troubla et on l'ajourna au mois de novembre. Se représenterait-il à cette nouvelle session? Alfred ne le désirait pas, bien que le succès semblât certain. Son cher projet prenait dans son esprit de plus en plus de consistance et n'admettait plus d'être retardé. Il voulait être prêtre, prêtre comme Mgr Desflèches, comme M. Thivillier, comme M. Coudour, M. Ducret et tant d'autres qu'il avait connus aux Minimes, et il avait hâte d'entrer au grand séminaire pour commencer ses études théologiques.

Toutefois il fallait passer encore trois mois de vacances. Depuis quelque temps le père d'Alfred soumettait son fils à une épreuve qui, pour lui, grâce à Dieu, n'eut pas d'inconvénients, mais où des vocations moins affermies que la sienne, quoique réelles, seraient exposées à se perdre. Il l'envoyait souvent dans le monde et lui recommandait de prendre part à tous les divertissements, même à la danse. Le jeune homme, fort de la droiture de ses intentions et des ordres de son père, se soumettait à ce qu'on exigeait de lui. Mais la danse n'était pour lui qu'un exercice ennuyeux, et le lendemain matin on le retrouvait à la messe, l'air recueilli, le cœur parfaitement libre et pur, et l'âme toute à Dieu.

Ce fut probablement vers la même époque qu'un jour il dut aller au théâtre. L'attitude effrontée des danseuses de ballet offusqua son cœur de jeune homme innocent et digne dans ses mœurs ; il sortit de là indigné et ne remit plus jamais les pieds dans un théâtre.

Les vacances furent employées à un voyage en Suisse qu'il fit en compagnie d'une famille amie. Il fut plus gai et plus expansif que jamais, émerveillant tout le monde par les exubérances d'une nature pleine d'entrain et de jeunesse.

2.

Au retour il resta quelques jours dans sa famille, déclara que ses intentions étaient les mêmes, qu'il renonçait à la licence et à tout autre avantage pour être prêtre, puis, vers le milieu d'octobre, il fit ses adieux et partit pour Paris.

Il allait faire une année de philosophie au séminaire d'Issy.

CHAPITRE II

SAINT-SULPICE

A la maison d'Issy, le bonheur de se trouver où la voix de Dieu l'avait appelé, au milieu de condisciples ayant au plus haut point, comme lui, l'amour de l'Eglise et du sacerdoce et le désir du bien, sembla tout d'abord ajouter à l'expansion naturelle d'Alfred Viennois je ne sais quoi de plus vif et de plus cordial. Il se sentait chez lui; travail, règlement, société, tout lui plaisait. L'étude de la philosophie, pour laquelle il s'était déjà passionné au collège, se présentait de nouveau à lui, avec des aperçus plus élevés, des questions plus approfondies, une méthode plus sûre, avec plus de vraie science en un mot que ne lui en avait donné l'Université. Mais sitôt que les cours étaient finis, on retrouvait en lui le collégien des Minimes; c'était la même ardeur, non pas pour les jeux bruyants, qui n'étaient plus de mise, mais pour les promenades rapides et infatigables à travers le jardin, pour les distractions et les discussions joyeuses; et les graves souvenirs dont sont peuplées les célèbres allées d'Issy, que foulèrent jadis des hommes comme Bossuet et Fénelon, n'arrêtaient pas son rire franc et sonore.

A la longue, cependant, le milieu dans lequel il vivait agissait sur ce tempérament plein de sève; le port de l'habit ecclésiastique, auquel il s'était astreint dès le premier jour, l'obligeait, bon gré, mal gré, à plus de gravité. A vrai dire aussi, les avertissements ne lui manquèrent pas de la part des directeurs, durant les premiers mois d'essai qu'il fit de la vie de séminariste; l'exemple de ses condisciples acheva de le rendre plus posé dans sa démarche, et quand il revint à Lyon, pour les vacances de 1855, on lui trouva un air bien changé; quelques-uns même de ses amis le taxèrent d'affectation et de sévérité. Sa mère, du moins, ne s'y trompa pas; elle qui pouvait suivre son fils dans l'intimité de sa vie, reconnut dès le premier jour que son extérieur si pieux et si modeste répondait à une ardente et intime conviction, et elle remercia Dieu des progrès qu'il avait faits et des fermes espérances qu'elle-même pouvait concevoir, au fond de son cœur de mère chrétienne, de voir bientôt un saint prêtre en la personne de son fils.

Des changements plus notables encore s'opérèrent dans l'âme du jeune homme lorsqu'il fut entré à Saint-Sulpice pour y faire sa théologie ; laissons-les raconter par un maître, M. Le Monnier, l'illustre auteur de la *Vie de saint François d'Assise.* « Dans le principe, nous écrit-il, M. Viennois nous parut à tous devoir prendre une grande place parmi nous. Son commerce était facile, presque enjoué ; son esprit vif s'intéressait à tout, il jouissait comme nous de la douce vie de Saint-Sulpice, de nos pieux exercices, des études où nous essayions de nous orienter, des rapports charmants qui s'établissent entre tous ces jeunes hommes venus de tous les points de la France, des souvenirs du passé, si riches à Saint-Sulpice et à Issy. Il traversa dans ces premiers temps une période d'épanouissement doux et aimable qui a été peut-être unique dans sa vie. Elle ne dura que quelques mois. Sous une impression que je n'ai jamais tout à fait démêlée, il ne tarda pas à se reprendre et à se comprimer. Il devint évi-

dent que non seulement il évitait de se livrer, mais encore il fuyait ceux vers lesquels
il s'était senti le plus porté ; je crois pouvoir
dire que j'étais de ce nombre.

« Je ne tardai pas à remarquer sa nouvelle attitude, je me rappelle même que je
lui fis à ce sujet quelques observations très
respectueuses. Il me donna des explications assez embarrassées. Ce que je compris le mieux, c'est qu'il y avait chez lui
parti pris de se renfermer dans une vie tout
intérieure. Ce parti, il l'étendit à tout, aux
études, aux conversations, aux pratiques
pieuses même. Son effort, à partir de ce
moment fut de se cacher et de passer ina-
perçu. *L'Amo nesciri* dans toute son austé-
rité ! Et tout le temps de son séminaire, il a
gardé cette attitude : humble, régulier, com-
plaisant, sans affectation dans son silence,
fidèle aux affections même, on le sentait,
mais en réalité impénétrable à tout autre
œil que l'œil de Dieu et peut-être de son

directeur. Ses traits mêmes finirent par refléter ses pensées intimes : d'ouverte que
la physionomie nous avait paru à l'origine,
elle était devenue enveloppée et presque
sombre.

« Ma conviction est que tout cela a été
voulu et soutenu avec un grand courage.
Dans quel but? On ne se tromperait pas
beaucoup en donnant cette explication :
sa volonté était forte, même impétueuse, sa
sensibilité profonde, mais débordante ; il
ne se sentait pas maître de lui-même. Il
voulut, coûte que coûte, conquérir cette
possession de soi qui lui semblait nécessaire, et il prit le remède héroïque que je
viens de dire. »

Héroïque ! c'est le mot, l'abbé Viennois
le fut, en luttant ainsi contre sa nature, et
une nature si vive et si accentuée. Il était
exubérant, il voulut vivre de calme, de silence, d'humilité, d'activité rentrée et
toute perdue en Dieu. *Dieu seul!* ce fut à

la lettre et dans le sens le plus exclusif du mot, sa devise. Nous n'avons pas à juger cette vertu austère, et à nous demander s'il ne valait pas mieux laisser ses fortes qualités naturelles se développer d'elles-mêmes et se surnaturaliser en se dégageant peu à peu, sous l'action de la grâce, des éléments humains qui s'y mêlaient. En définitive, son attitude fut très sainte et très pure ; elle n'était pas due à l'initiative personnelle, aux inspirations d'un cœur de séminariste plus généreux que sage : c'était l'obéissance qui l'avait autorisée et même inspirée.

L'abbé Viennois avait trouvé à Saint-Sulpice un directeur d'une vertu peu commune, et qui possédait au plus haut point l'intelligence des voies de Dieu. Ame mystique autant qu'ardente, et qui s'est révélée tout entière dans ce pieux et savant livre sur le Sacré Cœur de Jésus, dont on peut dire qu'il est d'un bout à l'autre un sublime chant d'amour, Mgr Baudry, alors professeur au séminaire de Saint-Sulpice, aimait à communiquer aux jeunes gens qui s'adressaient à lui le feu sacré qui le dévorait lui-même. Il avait pour principe de leur demander et d'obtenir d'eux le plus qu'ils pouvaient donner au service du bon Maître, et s'il en trouvait qui fussent capables de ces saintes énergies, il les lançait à corps perdu dans la voie du sacrifice, les habituant à se faire violence toujours et sans rémission, et à ne s'arrêter jamais dans l'immolation de soi-même, que le ciel ne fût gagné et la perfection conquise. Une de ses devises, que l'abbé Viennois aimait à citer, était celle-ci : « Beaucoup travailler, arriver à peu, et mourir jeune. » Il en devait, hélas! vérifier même la dernière partie, et à peine nommé évêque de Périgueux, se faire pleurer par son diocèse, après lui avoir donné l'émotion des plus saintes et des plus belles espérances.

Sitôt que **M.** Baudry eut fait la connaissance de l'abbé Viennois, il eut bien vite reconnu quel parti merveilleux il pouvait tirer de cette nature franche et généreuse, mais fougueuse à l'excès. Et tout d'abord, il s'appliqua à la briser par la pratique de la vertu à laquelle son jeune pénitent avait certainement le plus de répugnance à s'astreindre, le recueillement, la vie sans éclat et sans bruit, donnée tout entière à la prière et au travail silencieux. « Le recueillement, lui disait-il souvent, le recueillement et avec lui l'humilité, voilà le secret de la vie ! » C'est, en deux mots, une théorie aussi féconde que simple ; c'est l'admirable discipline de l'esprit, du cœur et de la volonté, que la sagesse antique avait déjà devinée, et qui, depuis qu'elle a été développée par les grands ascètes chrétiens, peuple les monastères de saints, et nous donne les seuls hommes vraiment forts qui soient égarés à travers le monde.

Nous ne pouvons juger de la direction donnée par M. Baudry au jeune séminariste que par de trop rares extraits des lettres qu'il lui écrivait pendant les vacances. Les lettres ont été brûlées sans doute par M. Viennois; il les jugeait trop honorables pour lui. Mais un ami, confident de ses plus secrètes pensées, les avait eues un jour entre les mains et en avait détaché quelques passages que nous sommes heureux de citer ici. On y verra quels liens intimes de douce charité unissaient le maître et le disciple, ces deux âmes de trempe si généreuse :

« Vous savez que j'ai le privilège d'être laconique ; mais les cœurs n'ont pas besoin de tant de discours. Quand les cœurs se sont un peu compris dans la possession de la vérité totale, un seul mot en dit beaucoup ! ....

« Allons, courage ! *Grandis nobis restat via..... Erit dux noster et præcessor Chris-*

tus (1). Achevez de réparer vos forces physiques, donnez à la famille les dernières sollicitudes et tendresses, puis revenez le cœur en paix et le regard fixé sur l'autel. »

L'année suivante, ce sont les mêmes recommandations, avec la même note affectueuse :

« Jouissez en paix des biens et des loisirs que Dieu vous fait ; priez, étudiez un peu, respirez le bon air de Fourvière.... continuez vos promenades, et surtout vos causeries avec votre bonne mère. Portez tous les cœurs à l'esprit de douceur, de charité, de détachement des choses de ce monde.....

« Jamais je n'ai été plus frappé de la futilité de la vie. Il faut regarder l'éternité, car le temps décourage.....

« Vivez dans la simplicité et la confiance

---

(1) Il nous reste une longue route à parcourir..... Le Christ sera notre guide, il marchera devant nous.

en Dieu, et conservez le recueillement,
voilà le grand moyen! Tournez souvent
vos regards vers le ciel. La terre n'est
qu'un lieu d'exil où l'on trouve beaucoup
de misères; la plus grande est le péché, ou
le danger perpétuel de le commettre. »

Sans doute, le jeune lévite envoyait à son
directeur des comptes rendus de cons-
science, et il avait signalé les vivacités qui
lui étaient encore échappées.

« Demandez souvent la patience à Dieu,
lui répond M. Baudry. Dieu nous laisse
nos défauts et nos imperfections, comme
autrefois il laissa les Jébuséens dans la
citadelle de Jérusalem pour exercer son
peuple, et l'obliger à vivre vis-à-vis de Dieu
dans une grande dépendance et soumission. Mais quand il en sera temps, Dieu
vous enlèvera ces défauts, comme on en-
lève un voile, et vous serez ce que Dieu
désire pour l'accomplissement de ses desseins.

« Il faudra bien que tôt ou tard je vous accoutume à supporter le gros temps. En attendant, puisque c'est le bon Dieu lui-même qui vous caresse, j'aurais mauvaise grâce à lui en vouloir..... Puisque vous êtes le bien-aimé du cœur de Dieu, que Dieu soit aussi le bien-aimé de votre cœur !..... Servez-le bien dévotement, humblement, courageusement.

« Hâtons-nous lentement, et revenons toujours à l'œuvre. *Il faut résolument devenir des saints ; il n'y a absolument que cela de bon.* Dites-le bien à ceux que vous aimez et goûtez-le vous-même. »

Cependant l'œuvre recommandée avec une telle insistance, la grande et chère œuvre avançait, non pas seulement par la succession des jours, mais encore et surtout par l'acquisition des mérites et des vertus nécessaires. Le maître voyait croître en son disciple l'homme intérieur et spirituel. La piété (elle seule peut opérer ce prodige) avait détruit, immolé l'homme naturel, avec l'ensemble de ses défauts et de ses qualités purement humaines, et la grâce triomphait sur ces ruines. Le cœur d'Alfred Viennois était bien à Dieu, et à Dieu seul; il aspirait au sacerdoce, et le temps qui l'en séparait ne faisait qu'augmenter l'impatience de ses désirs. Mais, dans le sacerdoce encore, son directeur ne lui faisait voir que l'immolation.

« Soyez donc l'enfant gâté de la sainte Vierge, lui écrit-il, puisque Dieu le veut ainsi. Mais en goûtant les douceurs, préparez-vous au *sacrifice*. La vie n'a de réalité et de valeur que par l'accomplissement de cette loi divine de l'*immolation*. C'est le mystère du sous-diaconat : l'esprit de force du diaconat et la vertu sanctifiante de la prêtrise ne feront que le développer.....

« Soyez de plus en plus pénétré de cette pensée que vous ne vous appartenez pas à vous-même, mais à Dieu. Gravez dans vos mains, c'est-à-dire dans vos œuvres, cette sainte maxime. Marquées de ce sceau, les œuvres, petites ou grandes, sont toujours agréables à Dieu, et le silence loue son saint nom, aussi bien que le bruit des grandes voix.....

« Prenez modèle sur saint Augustin. Voilà un cœur généreux, qui n'a pas voulu se partager entre la créature et le Créateur ! »

Cependant au milieu des soins d'une préparation si surnaturellement comprise et si généreusement accomplie, vint pour Alfred Viennois le jour tant désiré du sous-diaconat. Ce fut le 6 juin 1857. A ce moment, la pensée qu'il s'attachait irrévocablement à Dieu, le bonheur d'être accepté par lui, malgré son indignité, le saisirent si vivement que, pendant la cérémonie, il ne put maîtriser son émotion. « Je me trouvais à son côté au moment de la prostration, dit M. Le Monnier. Cette sensibilité dont j'ai parlé éclata à cette heure; les sanglots le soulevaient et le faisaient crier; j'en fus troublé un instant, bien que je me possédasse tout entier. »

Quand il se releva, l'immolation dont il lui avait été tant parlé était achevée; sa pensée, sa volonté, toutes ses puisances d'aimer et de souffrir, tout en lui appartenait à Dieu et pour toujours. Mais son sacrifice, fait en réalité depuis longtemps, n'avait rien de douloureux. Une impression dominait tout dans son âme, c'était le bonheur d'être à jamais consacré à Dieu. Aussi une joie plus douce succéda aux émotions de cette journée, et vint tempérer désormais ce qu'il y avait eu peut-être de trop austère dans sa physionomie.

Une année, l'année du grand cours, fut encore passée à Saint-Sulpice, « son cher Saint-Sulpice » comme il disait; il y avait reçu tant de grâces! Il y fit le complément

de ses études théologiques et en sortit avec
le diaconat.

Toutefois sa santé s'était profondément
altérée; la vie de l'âme en lui absorbait
tout, et le corps vivait comme il pouvait,
quand encore il n'était point lésé dans ses
droits par des mortifications excessives.
M. et Mme Viennois, justement inquiets,
s'opposèrent à ce que leur fils retournât à
Paris. L'abbé Alfred, obligé d'obéir, comprenait néanmoins que la vie de famille,
même dans un milieu de foi et de piété,
comme était pour lui le foyer paternel, a
trop de douceurs et de distractions pour la
formation d'une âme sacerdotale. Il allait
passer ses journées chez son directeur des
Minimes, le vénéré M. Coudour, alors curé
de l'Immaculée-Conception, qu'il venait de
fonder; il avait là une chambre, et, sous la
direction de son ancien maître, il priait,
travaillait, et se préparait dans le recueillement, que M. Baudry lui recommandait

plus que jamais, à recevoir la grâce insigne du sacerdoce.

Ce fut le 9 avril 1859 qu'il fut ordonné prêtre, des mains du cardinal de Bonald. Le lendemain, une cérémonie intime réunissait les parents et les amis de la famille Viennois dans l'église naissante de l'Immaculée-Conception. Le jeune prêtre, tout tremblant d'émotion, assisté par le guide et le père de son âme, offrait à l'autel la sainte et adorable Victime. Il avait des larmes dans les yeux, et déjà dans la voix, en lisant les saintes prières, ces accents de profonde et ardente conviction qu'il devait garder toujours dans la célébration du saint sacrifice. Il communiait sa mère, son frère, ses sœurs, ses amis.

Et l'autre père de son âme, celui qui l'avait vraiment enfanté à la vie d'immolation, M. Baudry, lui écrivait, le jour même :

« J'étais avec vous hier, pour me renou-

veler dans l'esprit et la grâce de mon ordi-
nation.

« Il me semblait qu'à genoux au pied
de l'autel, je la recevais de nouveau pour
vous.

« Aujourd'hui, j'ai offert en union avec
vous la sainte Victime.

« Ainsi donc notre double union est
consommée, et Jésus-Christ en est et en
sera éternellement le terme, le lien et le
centre divin. »

CHAPITRE III

VICARIAT DE CHAZELLES

A seconde messe de l'abbé Viennois
fut naturellement pour Fourvière;
il en voulut célébrer d'autres encore
aux Minimes, où s'était révélée sa vocation de prêtre, à l'église Saint-Pierre,
sa paroisse d'origine. Il passa quelques
jours au milieu des saintes joies de sa
famille ; puis, nommé bientôt par l'archevêché vicaire de Chazelles-sur-Lyon,

il partit immédiatement pour rejoindre son poste.

La paroisse était sans contredit une des plus chrétiennes du diocèse, et depuis lors M. Viennois s'est félicité bien souvent d'y avoir débuté comme vicaire ; les pratiques de piété y étaient en honneur, et, quand arrivait la fête de Pâques, hommes et femmes s'approchaient également de la Table sainte. Le jeune vicaire, arrivant là avec l'enthousiasme de sa foi, de son âge, de ses souvenirs de Saint-Sulpice, eut bientôt fait de se mettre au courant de son ministère et de s'y lancer à corps perdu. Visite des malades, confessionnal, caté-chismes, rien n'épuisait son zèle. Peut-être eût-il été exposé à porter, dans l'accomplis-sement de ses fonctions nouvelles, trop de contention et de rigueur. Heureusement, la sollicitude de M. Baudry veillait de loin sur le jeune prêtre ardent, inexpérimenté, et ne lui ménageait pas les conseils de prudence.

« Béni de Dieu dans votre préparation, vous le serez, j'en suis convaincu, dans votre travail. Evitez cependant l'absorption ; il ne faut pas tout faire, surtout au début ; plus tard, vous chercherez à organiser votre vie...

« Ne cherchez pas à donner à votre vie dans le ministère une précision mathématique ; il faut laisser une part à l'imprévu et s'attendre à un peu plus de décousu qu'au séminaire. Sans doute, vous ferez bien de vous rapprocher le plus possible de notre règle, mais il faut que ce soit dans la mesure du possible...

« Oui, vous avez bien raison : Jésus dans le tabernacle, voilà bien notre modèle et en même temps la source de notre vie. Il est là ce qu'il est au ciel, et il y est pour passer en nous et nous remplir de son esprit de religion et de zèle.

« Quant aux fautes que vous pouvez faire dans l'exercice de votre ministère, soyez sans inquiétude, Notre-Seigneur y mettra la main et il ne permettra pas qu'elles soient préjudiciables aux âmes....

« Je suis uni à vos travaux, à vos joies, à vos espérances, à vos douleurs. Des douleurs ! oui, il en faut. *Sine dolore, non bene vivitur in amore* (1). J'espère que pour vous le mélange de ces deux choses se fera dans une bonne mesure. Dieu conduit votre âme. Soyez dans la paix. La paix est sœur de la sainte indifférence. Abandon ! »

A vrai dire, l'épreuve, à ce moment, visitait l'abbé Viennois. Dès le principe, il s'était produit entre son curé et lui des divergences dans les vues et dans la manière de faire, qui semblaient aller en s'accentuant. M. le curé de Chazelles était un prêtre vertueux, zélé, mais d'humeur un

____

(1) Dans l'amour, on ne vit pas sans douleur.

peu vive, et qui s'ombrageait de l'activité de son vicaire. D'autre part, la vertu de l'abbé Viennois n'avait-elle pas à ce moment quelque chose d'anguleux et d'original qui pût provoquer la contradiction ? C'est possible. Quoi qu'il en soit, M. le curé et son vicaire ne se comprenaient pas très bien, et ce dernier portait dans le cœur une peine d'où il essayait de chasser toute amertume. C'est l'éternelle histoire des malentendus de Paul et de Barnabé, voulant tous deux le bien avec la même passion ardente et désintéressée, et obligés cependant de se séparer, pour que ni la charité ni leur ministère apostolique ne souffrissent de leurs divergences dans la manière de le concevoir.

Dieu permit aussi cette épreuve afin que cette âme de jeune prêtre se fortifiât et acquît un mérite nouveau. Comme le lui écrivait son directeur :

« Le nombre est petit de ceux qui sont

rendus meilleurs par l'infirmité. Soyez de ce nombre. Le moyen vous est connu : s'unir à Jésus-Christ dans les mystères de sa croix.

« Vos petites difficultés sont de ces misères qu'on rencontre partout et qu'il faut porter avec patience, comme la croix qui peut nous sanctifier. Laissez cela et allez votre train. Plus je vais, plus je me convaincs que la loi générale de ce monde est : la victoire aux patients...

« Marchez avec simplicité et prudence dans la voie de Dieu. Faites le bien sans bruit et aimez tout ce qui est vrai, pur et saint. Que le cœur de Jésus-Christ soit le centre de votre vie, le terme des aspirations de votre propre cœur et le foyer de vos désirs et de votre amour. Oui, notre tâche est de donner les âmes à Notre-Seigneur ; car, à le bien prendre, c'est lui seul qui les éclaire, qui les purifie, qui les féconde et qui les béatifie. Notre tâche est plus celle du témoin que celle de l'ouvrier. *Qui stat et audit.* Mais nous devons avertir et dire aux cœurs souvent : Tournez-vous en haut ! »

Et comme l'abbé Viennois avait discerné en deux enfants de son catéchisme le germe de la vocation ecclésiastique, et qu'il leur enseignait les éléments du latin pour les envoyer au séminaire, son directeur lui écrit encore : « Vous préparez vos successeurs dans l'apostolat. C'est une bonne pensée. Je prie le bon Dieu qu'il la bénisse. » Mgr Baudry ne croyait pas prédire si juste. Les deux enfants devaient être un jour activement mêlés, à titre de collaborateur ou de successeur, à son œuvre apostolique de Saint-Joseph.

Une question d'âme bien intime et bien grave était née pour M. Viennois au milieu des difficultés et des consolations de son ministère de Chazelles. Sa vertu avide de perfection le ramena à l'idée un moment

étudiée autrefois, mais jamais complètement abandonnée, de vocation religieuse.
Sans doute il avait dans la grâce du sacerdoce de grands moyens de sanctification
personnelle; mais quelle garantie de plus
il trouverait dans l'autorité d'une règle !
quel soutien dans l'amour de ses frères en
religion ! quel encouragement dans leurs
exemples ! Il passait donc à son tour par la
décevante et sublime tentation de saint Gré-
goire, de saint Alphonse de Liguori, du
curé d'Ars, et de tant d'autres âmes sacerdotales des plus profondes et des plus
saintes, qui, au milieu des soins spirituels
donnés aux autres, font un retour sur elles-
mêmes, voient d'un œil épouvanté leurs
imperfections, leurs tendances mauvaises
et l'ensemble de leurs misères morales, les
comparent avec le bel idéal de vertu que la
grâce de Dieu a fait naître en elles, et cour-
raient chercher un refuge dans les monastères, si l'obéissance ne les obligeait à

rester dans le monde, comme le sel destiné à purifier la terre.

L'abbé Viennois eût-il été plus saint en fuyant le ministère paroissial pour rechercher la paix et le recueillement dans une maison religieuse ? Ne fit-il pas plus de bien en transportant dans sa vie de simple vicaire et de simple curé des vertus intérieures qui sembleraient, de prime abord, être réservées à la vie du religieux ? Quoi qu'il en soit, l'idée de quitter le monde prenant de la consistance dans son esprit, il crut devoir s'en ouvrir au père de son âme.

« Demeurez dans votre humble et utile position, lui fut-il répondu. Notre-Seigneur me donne la pensée qu'il vous y prépare à quelque dessein de miséricorde.

« Dieu est le maître, il faut être en sa main. S'il appelle à Lui, qu'il soit béni. Mais le temps vient où l'Eglise aura grandement besoin de prêtres fermes, calmes, et d'un cœur élevé au-dessus des passions humaines. Etudiez un peu et priez beaucoup, tout en travaillant pour les âmes.

« Les pensées de vocation religieuse ne sont pas à condamner, mais il ne faut les accepter qu'avec une très grande réserve. Laissons tout à Dieu. »

Docile à ces conseils, l'abbé Viennois se remettait courageusement à l'œuvre, essayant de conserver au milieu du monde cet esprit de paix, de recueillement et de prière dont son âme avait besoin, et pour le reste s'abandonnant à Dieu. Mais la chère idée revenait toujours s'imposer à son esprit et presque à sa conscience. Heureusement la sagesse de son directeur venait à propos dissiper ses inquiétudes.

« Il ne faut pas trop vite regarder les désirs de vie religieuse comme une voix définitive de Dieu. Nous devons être hommes de désir pour bien des choses bonnes que nous ne sommes pas appelés à réaliser.

Il y a dans cette conduite de Dieu sur les âmes un double avantage : celui d'accroître notre charité, et celui de nous faire pratiquer le sacrifice et l'obéissance.

« Votre voie est bonne parce qu'elle est simple. Tout n'est pas parfait; il y aura jusqu'à la fin matière à gémissements et à prières. Mais telle est la vie, même pour le bon prêtre.

« Simplicité, abandon, confiance et soumission, voilà la voie qui conduit droit au bon Dieu. Notre-Seigneur nous a dit : *Posui vos ut fructum afferatis* (1). Il y a peut-être encore quelque chose d'obscur dans l'avenir; mais pourquoi le scruter ? A chaque jour suffit son mal, et aussi sa grâce. Ne cherchez point de vocation en dehors de celle que vous avez. Si Dieu veut vous en donner une, il saura bien

(1) Je vous ai établis pour que vous me donniez des fruits.

4

parler haut et clair. Pour le moment, il me semble que vous êtes là où il vous veut. »

Ces extraits, qui renferment d'ailleurs des principes de conduite si sages, ne reflètent-ils pas, comme dans un miroir limpide, l'état de l'âme de l'abbé Viennois à ce moment de sa vie? A ce titre, nous avons été heureux de les reproduire.

Toutefois la Providence appelait bientôt le jeune prêtre sur un champ plus vaste, où l'activité de son zèle pourrait se déployer à l'aise. Le 22 octobre 1860, il était nommé vicaire à Saint-Nizier, une des plus grandes paroisses de Lyon, une des plus anciennes aussi, riche des souvenirs de saint Pothin, de saint Irénée et de la série des grands et illustres évêques comme saint Eucher et saint Ennemond, qui avaient établi leur siège dans cette église, fière de posséder le premier autel élevé en France à la Vierge Marie, comme en fait foi la bulle d'Innocent IV, et sur laquelle, comme sur un territoire fécondé par le sang des martyrs, ont germé et se sont développées en une magnifique floraison, d'admirables œuvres de piété et de charité.

A cette heure décisive de sa vie, l'abbé Viennois eut recours encore une fois aux sages conseils de son directeur. Accepter ce poste, c'était renoncer à ses chères espérances de vie religieuse. Ne valait-il pas mieux décliner l'offre si gracieuse de l'archevêché et réserver la question en attendant encore? D'autre part, aller à Saint-Nizier, c'était sans doute travailler à l'œuvre de Dieu en d'excellentes conditions, avec les conseils et les exemples d'hommes expérimentés. Mais que deviendraient le recueillement et la sanctification personnelle, au milieu de tant de travaux extérieurs et à deux pas de la famille, dont la vie viendrait encore jeter dans la sienne des distractions nouvelles?

La réponse ne tarda pas et elle fut conforme aux décisions précédentes. Il fallait accepter, ainsi le voulaient l'obéissance et la simplicité. « Demeurez toujours sous la conduite de Dieu, abandonné aux conseils de la Providence toute sage et toute bonne. Il vous donnera chaque jour la connaissance de sa divine volonté et sa grâce pour l'accomplir. Quand Dieu veut se servir de quelqu'un, il sait bien le trouver. Contentons-nous de dire toujours : *Paratum cor meum*.

« Allez tout doucement et ne tenez pas à faire beaucoup. Les fruits mûrs tombent à la main sans qu'on ait presque à les violenter...

« Votre vie s'organisera peu à peu. J'y entrerai toujours de tout cœur. Ne craignez jamais de me fatiguer. »

CHAPITRE IV

VICARIAT DE SAINT-NIZIER

Si l'abbé Viennois ne pouvait se défendre de quelque appréhension en face du nouveau et important ministère que lui assignait la Providence, il était heureux d'autre part de retrouver à Saint-Nizier un curé que dès sa première enfance il avait appris à aimer et à vénérer, et il espérait travailler de longues années encore au salut des âmes sous la direction d'un tel guide. M. Deroziers était un prêtre d'une haute valeur intellectuelle et d'une vertu supérieure. Il a laissé un nom dans ce clergé lyonnais qui compte cependant en si grand nombre des hommes d'œuvres, chez qui la modestie et le tact n'ont d'égal qu'un dévouement sans bornes. Il était le représentant le plus distingué de cette forte génération sacerdotale élevée au milieu des souvenirs immédiats de la Révolution, et qui en avait gardé tant de gravité et de crainte de Dieu, uni à tant de zèle pour les âmes, phalange de prêtres au cœur simple et vaillant, parmi lesquels nous aimons encore à saluer d'un souvenir attendri de piété filiale celui qui est resté longtemps le doyen et le dernier survivant de toute cette génération, le vénéré **M.** Chaumont, curé de Saint-Polycarpe.

Placé depuis 1854 seulement, à la **tête** de la grande paroisse de Saint-Nizier, M. Deroziers avait été précédemment curé de Saint-Pierre, pendant vingt-quatre ans, et à ce titre, il avait beaucoup connu la famille Viennois et suivi avec un paternel intérêt celui de ses enfants que Dieu avait daigné appeler au sacerdoce. Il entretenait également avec Mgr Desflèches des relations d'âme très intimes et très douces, qui remontaient au temps où celui-ci n'était que simple séminariste, et durant le dernier voyage que l'évêque misionnaire venait de faire à Lyon, le nom de l'abbé Viennois, si tendrement aimé de l'un et de l'autre, était revenu plus d'une fois dans leurs entretiens. C'était M. Deroziers lui-même qui l'avait demandé pour vicaire à l'archevêché, sachant bien que les rares vertus de ce jeune prêtre, qui avait exercé à peine un an le saint ministère, feraient vite oublier son âge.

L'abbé Viennois comptait sur la sagesse de ce pasteur éminent pour aider son inexpérience, et cet appui allait précisément lui manquer. Depuis plus d'un an, M. Deroziers était atteint de la maladie qui allait l'enlever aux ardentes affections des deux paroisses ; mais dominant le mal par son énergie, il travaillait toujours, et lorsqu'il ne pouvait descendre à sa chère église pour entendre les confessions des hommes et des jeunes gens qui s'adressaient à lui, il les faisait inviter à monter dans sa chambre. A la fin, cependant, ses forces trahirent tout à fait son courage, la maladie le cloua sur un lit de douleurs et il mourut le 6 juin 1861.

L'abbé Viennois n'avait été son vicaire que pendant sept mois, mais il l'avait suffisamment vu à l'œuvre. Cette vie simple et féconde dans laquelle Dieu avait permis qu'il pût jeter un regard, attirait son âme, et il éprouva le besoin de lui donner un témoignage anonyme, mais bien touchant, d'admiration. Sur la fin du mois d'août, parut une *Notice biographique sur M. l'abbé Deroziers.* C'était une brochure de trente pages, signée simplement : un vicaire de

Saint-Nizier, et portant en épigraphe ces mots : *Tu es sacerdos*. Vous êtes un prêtre, et au-dessous, cette autre inscription : *O Domine qui amas animas !* O mon Dieu qui aimez les âmes !

La première page, en forme de préface, livrait toute la pensée de l'auteur, qui, on l'a compris, n'était autre que l'abbé Viennois :

« La mémoire du pasteur est la mémoire d'un père ; ses vertus sont un héritage de famille qui fait la gloire de ses enfants : c'est la pensée qui nous encourage à recueillir ce que nous avons appris des vertus du bien-aimé pasteur que tant de personnes pleurent aujourd'hui.

« Nous n'avons pas l'intention de retracer complètement les actions et les vertus de ce prêtre vénéré : cette belle figure de l'ancien clergé lyonnais demanderait pour la reproduire une main plus exercée. Nous nous bornerons à dire ce que nous avons aimé en lui, ce que d'autres ont aimé avec

nous, la vie d'un prêtre voué à la jeunesse,
cette part si intéressante du troupeau de
Notre-Seigneur. *Spes messis in semine.*

« L'amour de la jeunesse, le dévouement
à la jeunesse, telle est, si nous ne nous
trompons, l'unité de la vie de **M.** Deroziers ;
tel est le grand exemple qu'il nous a laissé,
et le secret du bien qu'il a opéré dans son
passage ici-bas. Trop souvent rebelle,
hélas ! aux enseignements salutaires du
Sauveur, elle est si belle pourtant, si généreuse, cette jeunesse, lorsque, rencontrant
une âme qui la comprend et qui l'aime, elle
accepte une sage direction ! »

L'amour de la jeunesse était donc la
grande pensée de la vie de **M.** Deroziers.
Son biographe le suivait à Ainay, où il
avait été vicaire, à Millery, sa première
cure, à Saint-Pierre, où son zèle s'était
exercé le plus longtemps, et enfin à Saint-
Nizier, où il venait de mourir, et partout
il nous le montrait mettant au service de

cette chère jeunesse toutes les forces de son âme et de sa vie. Il racontait l'histoire d'une société de jeunes gens appelée société des Enfants de Marie, fondée par M. Deroziers, ayant et pratiquant son règlement de piété et de charité, faisant des réunions régulières et fréquentes toujours présidées par lui, donnant enfin à la paroisse la plus grande édification ; et il dépeignait avec amour les bons et doux rapports qui avaient toujours existé entre le vénéré pasteur et ces jeunes gens, qui s'étaient attachés à lui comme à un père. Mais il ne s'apercevait pas qu'il faisait ainsi sa propre histoire, celle qui avait déjà commencé pour lui à Saint-Nizier. Cette chère jeunesse, à son tour, il l'aimait, il lui consacrait le meilleur de son cœur et de son temps, et suivait fidèlement en cela les traces de son maître vénéré, auquel il succédait dans la confiance des Enfants de Marie. Et pour peindre certaines scènes de la vie de l'abbé Viennois à Saint-Nizier, nous ne saurions mieux faire que d'emprunter tel ou tel croquis qu'il a consacré lui-même au souvenir de M. Deroziers. Les personnes qui l'ont connu à cette époque de son existence le reconnaîtront dans le portrait suivant :

« Il suffisait d'être un jeune homme pour être bienvenu auprès de lui ; et tous ceux qui l'approchaient étaient retenus par le charme de son accueil. Dès lors, ils étaient gagnés. Il ne les perdait plus de vue, il en faisait ses amis, ses fils.

« Pour conserver ces bonnes relations, il les engageait à renouveler souvent leurs visites ; et comme ces jeunes gens craignaient quelquefois d'abuser de sa complaisance et lui demandaient de leur indiquer les heures où il pourrait les recevoir sans en être dérangé : « Souvenez-vous, leur di- « sait-il, qu'à toute heure j'y suis pour un « jeune homme. » Dans ces entretiens, sa conversation pleine d'agrément et toujours instructive exerçait sur ces jeunes gens une influence à la fois douce et pénétrante, à laquelle il était difficile d'échapper.

« S'il se dépensait ainsi tout entier pour la jeunesse, il ne travaillait pas pour des cœurs ingrats, les cœurs étaient vraiment à lui. Qu'elle était vive, qu'elle était sincère, l'affection qu'ils lui portaient ! qu'elle était profonde, leur confiance !

« Il était beau de voir, la veille des fêtes, cette assemblée de jeunes gens, d'hommes faits, dans la sacristie, attendant avec patience et recueillement que le moment fût venu de se jeter aux pieds du bon père, pour faire l'aveu qui réconcilie et recevoir la parole qui encourage et console. »

Nous n'avons rien à ajouter, c'est un fragment de la vie de l'abbé Viennois à Saint-Nizier que nos lecteurs ont sous les yeux ; c'est un des côtés de son ministère et certainement le plus aimé, celui qu'il faisait passer avant tous les autres. Son confessionnal avait beau être envahi, sitôt que le frère sacristain le prévenait qu'un jeune homme l'attendait, il activait la confession commencée et se rendait immédiatement à la sacristie, et il était rare qu'il n'entamât pas aussitôt avec son jeune visiteur les questions intimes; tout ce qui dans la conversation n'avait pas rapport à l'âme ne méritait pas qu'on s'y arrêtât trop longtemps.

Quel était donc le charme secret qui prenait au cœur cette jeunesse, et qui l'attirait au prêtre de vingt-six ans, à peine arrivé dans la paroisse, après l'avoir groupée si longtemps autour du vénéré curé à cheveux blancs? Sans doute la famille Viennois était honorablement connue, et quelques-uns étaient heureux de s'adresser à celui qu'ils avaient vu grandir avec eux pour devenir un séminariste fervent et un prêtre respecté. Mais la raison de cette faveur singulière était ailleurs. Quelqu'un s'étonnait devant un vieux religieux, le P. Granju, jadis bien connu à Lyon, de voir le confessionnal du jeune abbé constamment assailli. « Il n'a rien de brillant dans son extérieur, disait-on, ni dans sa prédication ; il est de beaucoup le plus jeune des vicaires et le dernier arrivé. D'où vient donc le prestige qu'il exerce ? — C'est vrai, répondit le religieux, cette popularité semble inexplicable au point de vue purement extérieur ; mais le peuple a l'instinct de la sainteté. »

L'abbé Viennois essaya dès le début de se soustraire à ces envahissements de la vie extérieure et à cet excès de travail qui avait pour lui le grand inconvénient de nuire au recueillement de son âme. Il regrettait le calme de sa vie d'autrefois, sa facilité de prier et de s'unir à Dieu dans l'oraison ; il s'alarmait du caractère nouveau que prenait sa piété et en faisait part à son directeur de Saint-Sulpice. « Ne vous troublez pas, lui répondit M. Baudry. En vivant plus pour le prochain, vous vivrez aussi plus pour Dieu. L'auteur de l'*Imitation* dit qu'on peut quelquefois omettre des exercices de piété pour le service du prochain...

« La vie passe et nous passons avec elle ; mais nous allons à Dieu. La transformation qui s'opère en vous, bien que peut-être il s'y mêle quelque imperfection, aura cependant pour résultat final de vous donner une piété plus ferme, plus étendue et plus virile dans la nudité de la foi. Marchez toujours, ne fuyez pas le travail extérieur, mais redoublez de vigilance pour tenir votre âme unie à Dieu par la prière...

« La forme de notre union à Dieu peut changer, mais la bonne volonté demeure. Veillez à sauver autant que possible l'esprit de recueillement.

« Continuez à unir ces trois choses, le

ministère, la prière et l'étude. Si les nécessités impérieuses du moment donnent à la première une place prépondérante, du moins qu'elle ne fasse pas oublier les autres, et que votre cœur sache les désirer. »

Cette correspondance avec M. Baudry touchait à sa fin. Elles allaient cesser tout d'un coup et manquer à l'âme de l'abbé Viennois, ces chères relations spirituelles, commencées à l'ombre de Saint-Sulpice, précieusement entretenues depuis, et aux-quelles il devait en grande partie le bienfait de sa formation sacerdotale. Au mois de janvier 1861, M. Baudry était proposé par le gouvernement impérial pour l'évêché de Périgueux. Au premier bruit qui en parvint au saint prêtre, il fut épouvanté de la responsabilité qui se dressait devant lui, et il connut de douloureuses angoisses. Toutefois, la crainte de ne pas faire la volonté de Dieu, en fuyant un poste de combat et de péril, l'empêcha d'opposer un refus immédiat, et, après avoir écrit à l'abbé Viennois une première lettre toute pleine de ses hésitations et de ses terreurs, il lui disait à quelques jours de distance : « En ce moment, Dieu me donne une grande paix ; j'adore sa sainte volonté et je me confie en lui. Le Saint-Siège parlera, et s'il m'envoie, j'irai. »

Et dans la lettre suivante, la réponse du Souverain Pontife étant connue : « Je vais voir si le travail me remettra mieux que le repos. Prière, abandon à Dieu et résignation à tout ce qui nous arrive, voilà bien la vraie sagesse...

« Les coups de la providence sont parfois bien rudes, mais c'est toujours son amour qui nous les porte. Adorer, s'humilier et espérer ! Que tout est fragile ici-bas et combien nous devons regarder sans cesse le ciel ! »

Résumant la vie qu'il entendait mener comme évêque, il ajoutait : « Je dois être pauvre. »

Pendant les quelques mois de son épiscopat, Mgr Baudry trouva encore le loisir d'écrire des lettres de direction à son ancien pénitent de Saint-Sulpice. « Gardez quelque mesure dans le travail du ministère, lui disait-il, il faut faire feu qui dure...

« La croix est toujours la croix ! C'est là le salut de notre âme et du monde. Savourez dans la paix votre amertume et offrez-la dans le silence à Notre-Seigneur. Dites aussi avec saint Paul : *Quum infirmor tunc potens sum.* »

Et enfin, voici le dernier mot du cœur envoyé par l'illustre évêque à son fils spirituel sortant d'une retraite :

« Vous voilà replongé dans votre immense et très utile ministère. C'est l'œuvre de Dieu ; faites-la sous la conduite de l'Esprit de Dieu. *Spiritus sapientiæ multiplex.* C'est un esprit subtil, doux et fort.

« Soyez certain que le bon Dieu ne vous

abandonnera pas. Il a trop fortement pris possession de vous.

« Il faut en ce monde aller un peu tête baissée, se confier beaucoup dans le bon Dieu, sans perdre de vue notre misère.

« Que Dieu soit votre lumière, votre force et votre paix. »

Ne semble-t-il pas que ce souhait suprême de l'évêque qui allait mourir fût comme une de ces bénédictions des temps antiques, auxquelles était attachée une efficacité providentielle et qu'elle ait donné à toute cette existence la beauté surnaturelle et la fécondité qui la distinguèrent ?

Les personnes qui ont entendu l'abbé Viennois parler tant de fois de l'évêque de Périgueux, et avec un accent de vénération si attendrie, n'auront pas de peine, après la lecture des extraits que nous venons de donner, à s'expliquer ce sentiment de reconnaissance. Après Notre-Seigneur, c'est à Mgr Baudry qu'il devait la physionomie et le sang de son âme sacerdotale.

Suivant la recommandation de ce saint directeur, il avait, dès le principe organisé sa vie sur ces trois bases : prière, étude, ministère.

Il serait bien malheureux, le prêtre qui ne prierait pas : nuage sans rosée sur une terre desséchée, sel affadi au milieu d'un monde corrompu, il serait en opposition permanente avec les divins mystères qui lui sont confiés ! L'abbé Viennois comprenait quelle obligation s'imposait à lui d'être homme de prière. Levé à quatre heures et demie, il commençait toujours sa journée par la méditation, et bien qu'il eût pour principe de se donner tout à tous, selon la parole de saint Paul, il avait soin que la première demi-heure de son oraison fût fermée aux invasions du dehors. C'est ainsi également qu'il se réservait toujours un quart d'heure de prière pour la préparation immédiate de la sainte messe.

Et dans sa prière, soit qu'il fît oraison, soit qu'il fût devant le saint Sacrement, quelle attitude de recueillement, quel air pénétré! C'était vraiment le seul à seul avec Dieu, et l'on se faisait scrupule de l'interrompre.

Le travail honorait sa vie ; il étudiait, comme tout bon prêtre, l'Ecriture sainte, les Pères et la théologie ; mais avec une journée hachée comme était la sienne, il était difficile d'entreprendre des études suivies ; sauf le soir après souper, il n'avait jamais une heure de liberté qui fût assurée ; il lisait donc au pied levé, le crayon à la main, recueillant fidèlement les pensées et les faits qui pouvaient lui être utiles dans son ministère et amassant par ces petits profits journaliers une grande fortune intellectuelle ; c'était ce qu'il appelait le système des petits papiers.

Dans son travail d'ailleurs, il n'avait garde de s'isoler, et il aimait cet échange d'idées qui précise les connaissances et multiplie les aperçus. Heureux de retrouver à Lyon ses anciens maîtres de la Faculté des lettres, et ceux des jeunes hommes de son âge avec lesquels il pouvait causer des choses de l'esprit, il avait demandé à faire partie d'une petite conférence littéraire semi-laïque, semi-ecclésiastique, qui se tenait tous les huit jours chez M. E. Charvériat. Inutile de dire qu'il y avait été accueilli à bras ouverts : c'était M. Heinrich qui présidait cette réunion.

D'autres fois, un petit groupe intime se donnait rendez-vous le soir, dans la chambre du jeune vicaire, pour y deviser d'histoire et de littérature sacrée, et grand était le charme de ces soirées au dire de M. Léotard, l'un des amis de M. Viennois. « Nous lisions ensemble, nous écrit-il, les Soliloques de saint Augustin et son traité sur saint Jean, que notre ami commentait d'une manière admirable. »

Avec ses confrères de Saint-Nizier, l'entente était parfaite. Dans le principe, il pouvait y avoir quelque inconvénient à ce qu'un jeune vicaire, le dernier venu dans la paroisse, prît en peu de temps une place prépondérante. Mais ses aînés dans le sacerdoce avaient le cœur si haut placé, ils le voyaient agir lui-même avec tant de bonne foi et de pureté d'intention, que rien ne troubla jamais la bonne harmonie de la famille curiale de Saint-Nizier. On récitait le bréviaire ensemble, on travaillait ensemble à l'Ecriture sainte. L'abbé Viennois et son intime ami, l'abbé La Serve, étaient le centre de cette vie commune de prière et d'étude. M. Berger, qui avait succédé à M. Deroziers comme curé, régnait dans son presbytère surtout par la bonté. Souvent malade, il trouvait dans tous ses collaborateurs le même empressement à lui rendre service. On ne voyait enfin dans cette chère congrégation de Saint-Nizier, comme disait Mgr Desflèches, que gens s'aimant les uns les autres et s'entr'aidant avec une fraternelle cordialité.

Non moins douces étaient les relations de l'abbé Viennois avec sa famille ; il recevait presque tous les jours quelqu'un des siens, mais à la sacristie, afin qu'on pût le trouver immédiatement si l'on avait besoin de lui à l'église, et que ces visites, si agréables fussent-elles , ne l'exposassent à laisser souffrir aucun détail de son ministère. Il accueillait son vénérable père avec une tendresse qui n'avait d'égal que son respect, le baisait au front et lui prodiguait enfin les marques d'un vrai culte filial.

Toutefois de grandes douleurs lui étaient réservées du côté de cette famille bien-aimée. Tout d'abord il perdit, en 1862, une sœur qu'il chérissait particulièrement. Quatre ans plus tard, la mort lui arrachait des bras sa mère, cette bonne et vénérée mère à laquelle il devait tant, depuis la formation pieuse de son âme d'enfant jusqu'aux dernières et saintes tendresses dont elle charmait les peines de son ministère sacerdotal.

Mme Viennois avait toujours été une femme d'intérieur, ne donnant rien au monde, ne lui demandant rien et ne s'occupant que de ses devoirs de mère et d'épouse. Atteinte d'une maladie qui ne pardonne pas, elle vit s'avancer la mort avec la sérénité d'une âme accoutumée à tous les sacrifices. D'ailleurs un grand et saint désir de son cœur était accompli, elle avait un fils prêtre, qui faisait du bien : sa tâche était remplie. L'abbé Viennois était assidu au chevet de sa mère mourante ; ce fut lui qui lui donna les derniers sacrements et qui reçut son dernier soupir ; mais quand furent terminées les pieuses et touchantes fonctions du prêtre, la douleur du fils se donna libre cours, et il pleura sa vénérable et bien-aimée mère, comme Augustin avait pleuré Monique.

Du fond de la Chine, Mgr Desflèches ressentit vivement le contre-coup de ce malheur de famille. Comme l'abbé Viennois ne lui avait pas écrit immédiatement pour lui apprendre la triste nouvelle, il lui en fit de fraternels reproches, à travers lesquels éclatait sa propre douleur : « Doutes-tu de de mes sentiments de piété filiale envers ton excellente mère, qui fut aussi la mienne ? Puis-je être insensible à ce qui vous arrive d'heureux ou de malheureux ? Vous êtes tous plongés dans l'affliction et le deuil, et tu me le laisses ignorer ? En vérité, il faudrait ne pas vous aimer pour n'avoir rien à dire à cela ! Chère bonne marraine ! quelle affliction pour mon parrain et pour vous tous ! Je ne puis y penser sans avoir le cœur serré. Je pleure celle que vous pleurez, qui fut toujours pour moi une bonne mère.

Son souvenir ne me quittera jamais, et chaque jour je lui donne une large place dans mes prières. »

Il fallait qu'elle fût bien bonne et bien sainte, celle sur laquelle pleuraient ainsi deux cœurs de prêtre.

A la suite de cette grande épreuve, l'abbé Viennois se remit du mieux qu'il put à son labeur journalier, et il ne lui en resta dans le caractère rien de plus triste ou de sombre, mais bien je ne sais quoi de plus affectueusement dévoué, et un attrait de cœur plus grand pour une partie de son ministère qui lui avait toujours été spécialement chère, la visite des malades. Ces pauvres malades, membres souffrants de Jésus-Christ, ont été durant toute sa vie l'objet de sa prédilection. Quand on le voyait dans les rues marchant à grands pas, regardant toujours devant lui, l'air pénétré et grave, on pouvait se dire qu'il allait voir un malade, car il ne sortait guère que pour cela, et sitôt qu'il

y avait quelque danger, il multipliait ses
visites. Il arrivait là, au milieu d'une famille désolée, avec des paroles de foi très
simples, mais très profondes, qui fortifiaient
les cœurs et les élevaient au-dessus des
tristes et passagères épreuves de la vie, et
le pauvre mourant au chevet duquel sa
charité le rendait assidu, entrevoyait déjà,
dans les consolations de ce prêtre, quelque
chose de l'infinie bonté de Dieu, devant
lequel il allait paraître bientôt. Et quand
la mort était venue, plongeant une famille
chrétienne dans l'affliction, l'abbé Viennois continuait auprès d'elle son devoir de
prêtre du Christ consolateur; il s'attachait
irrévocablement aux personnes dans la
peine et le deuil, et multipliait pour elles
les procédés délicats. En veut-on un exemple? Il portait dans son âme l'anniversaire
de toutes les morts qu'il avait ainsi pré-
parées et consolées, et Dieu sait si la liste
en était longue! Et la veille de cette date

douloureuse mais salutaire, il envoyait aux personnes intéressées une carte pour rappeler que le lendemain il célébrerait le saint sacrifice à l'intention de la chère âme que Dieu avait rappelée à lui.

Un jour, au cours d'une de ces visites de malades, il fut témoin d'une catastrophe qui a laissé à Lyon de bien tristes souvenirs. C'était un dimanche soir pendant l'été de 1864, l'abbé Viennois longeait le quai Saint-Antoine, tout à coup un immense cri de détresse fend les airs, c'est uue centaine de voix qui appellent au secours. Le jeune prêtre se précipite du côté de la Saône d'où partent les cris ; il voit tout auprès d'un bateau-mouche, dont une barrière vient de se briser sous le poids de la foule, plus de trente personnes qui sont tombées dans le fleuve et qui s'y débattent avec l'énergie du désespoir. A la première vue du danger que courent ces malheureux, il se souvient qu'il est prêtre, et le bras levé sur cette foule qui se noie, il prononce les paroles de l'absolution, puis il court se mêler aux généreux citoyens qui essayaient d'opérer le sauvetage. Il y eut, malgré tous les efforts, un certain nombre de victimes; mais peut-être avaient-elles, dans la vision suprême, aperçu le prêtre qui récitait sur elles la formule du divin pardon, et leur âme, lavée de ses souillures par cette dernière absolution, y trouvait-elle le salut.

CHAPITRE V

LA JEUNESSE. NOEL DUCREUX

LA parole qui fut prononcée un jour sur l'enfance : *Laissez venir à moi les petits enfants*, est destinée à recevoir son application à travers les siècles. Si Notre-Seigneur ne se montre plus en personne, entouré de ces petites troupes enfantines qui étaient avides de le voir, de se presser contre son cœur, de recevoir ses bénédictions et ses caresses, du moins il a voulu qu'il restât dans son

Eglise quelque chose de ce charme divin qui les attirait, et il a donné au sacerdoce chrétien, avec tant d'autres vertus mystérieuses, une merveilleuse influence sur ces jeunes âmes. Le prêtre et l'enfant ! Ces deux cœurs sont faits pour se comprendre : le prêtre, parce qu'en dépit des imperfections et des indignités de sa personne, il est la représentation vivante de la sainteté de Jésus ; l'enfant, parce que, avec la fraîcheur de son baptême, il a conservé comme dans un vase précieux, la pureté de la grâce de Jésus. D'instinct, l'enfant cherche le prêtre, car il cherche Jésus qui est la vie de son âme ; et plus y a de sainteté dans l'un et d'innocence dans l'autre, plus cet attrait est fort et irrésistible.

Ils sont bien coupables, ceux qui détournent l'enfant de Jésus-Christ en le détournant du prêtre, qui mettent dans son cœur la défiance et la haine de Jésus-Christ, en y mettant la défiance et la haine du prêtre.

L'abbé Viennois avait au plus haut degré le don d'attirer les enfants, et il a eu le bonheur de faire beaucoup de bien dans cette portion la plus délicate et la plus attachante du troupeau de Notre-Seigneur.

Il s'ingéniait à leur former une conscience très chrétienne et très droite, avant même qu'ils eussent la révélation du mal, et à la base des idées morales qu'il jetait dans ces jeunes âmes, il mettait deux principes fort simples dont il était pénétré lui-même, l'idée du devoir et la crainte de Dieu. « Je ne crois pas, disait-il quelquefois, que j'aie suffisamment l'amour de Dieu ; mais la crainte de Dieu, je l'ai profondément dans le cœur. »

Il avait l'habitude de dire aux enfants : « Ce qu'il faut craindre, c'est le jugement de Dieu. Qu'importe celui des hommes ? Les hommes, on peut les tromper. Mais Dieu ! jamais. Dites-vous toujours, lorsque vous êtes sur le point de faire quelque chose :

Voudrais-je l'avoir fait quand viendra l'heure de ma mort ? »

Et encore : « Ne faites rien pour la forme, faites les choses par devoir ! Le devoir ! Le devoir ! Peu importe que vous ayez du plaisir ou que vous n'en ayez pas. Le devoir avant tout. »

Les enfants qui entendaient ces recommandations sentaient bien qu'elles étaient appuyées par l'exemple et qu'ils avaient un homme de devoir sous les yeux. C'était là, beaucoup plus encore que dans ce qu'il disait, le secret de l'influence qu'il exerçait sur eux.

On sait qu'à Saint-Sulpice les séminaristes enseignent le catéchisme aux enfants de la paroisse, et qu'aidés d'un ensemble de traditions et des exemples de leurs aînés, ils se forment ainsi à remplir avec fruit une des plus importantes fonctions du ministère paroissial. L'abbé Viennois y avait appris à rendre un cours de catéchisme intéressant autant qu'instructif. Il le savait absolument par cœur : le catéchisme, c'est la théorie du prêtre; et, cependant, il le préparait chaque fois aussi sérieusement que ses instructions, s'attachant surtout à trouver les explications les plus simples, afin de donner à ces âmes naïves l'intelligence des mystères de la foi, et de graver en elles d'une manière ineffaçable les enseignements divins.

Rien ne peut dire les émotions qui s'emparaient de son cœur de prêtre, lorsque approchait le jour de la première communion. Pour que, dans cette première rencontre avec le Dieu de l'Eucharistie, l'âme des enfants qui lui étaient confiés conçût et gardât les dispositions nécessaires de foi, de piété, de pureté, il priait lui-même avec un redoublement de ferveur, il faisait prier tous ceux qu'il connaissait, il multipliait les visites et les avis, et n'épargnait rien que ce grand acte ne fût préparé et fait à la per-

fection. Nous avons sous les yeux un
certain nombre de billets qu'il écrivit à des
enfants à la veille du grand jour. Ce sont
de petits chefs-d'œuvre de simplicité, de
foi naïve et aimante, où il savait, à l'exemple du divin Maître, se faire petit et humble
pour se mettre à la portée de leurs jeunes
intelligences. Son zèle a reçu plus d'une
fois de bien douces récompenses. Il a connu,
à l'occasion de la première communion, des
âmes d'enfants exceptionnellement belles,
qui se sont révélées à lui avec une ingénuité
charmante, et qui lui sont restées jusqu'à
la fin tendrement attachées.

Un jour, au mois d'avril 1865, on lui
amène un petit garçon de douze ans, à l'air
réfléchi, au regard profond et vif, qui demande en grâce à faire sa première communion. Voici trois ans bientôt que Noël
Ducreux a perdu sa mère, pauvre jeune
femme emportée par une maladie implaca-
ble dont l'ombre plane déjà sur cette char-

mante tête blonde. Son père, redoutant pour l'unique enfant qui lui reste nos climats froids et humides, l'emmène chaque hiver dans le Midi, et Noël n'a pu suivre aucun catéchisme paroissial; mais il a reçu les leçons paternelles, et il ne faut pas longtemps à l'abbé Viennois pour constater que son élève improvisé possède l'intelligence et la science des vérités de la religion.

Il pénètre plus avant dans cette âme, et il est édifié des merveilles d'innocence et de grâce qu'il y trouve. Aussi, bien que la première communion des enfants de la paroisse ait déjà eu lieu, il fait les démarches nécessaires et obtient pour son jeune protégé la faveur de recevoir l'auguste sacrement, le 25 avril, le jour où les premiers communiants s'approchent pour la seconde fois de la Table sainte.

Ainsi commença entre **M.** Viennois et Noël Ducreux une amitié forte et douce, et

dont on ne peut dire si elle fut plus honorable pour le prêtre qui la provoqua ou
pour l'enfant pur et pieux dont elle guida
désormais l'existence.

Le lendemain de ce beau jour, Noël écrivit à son nouveau directeur pour lui exprimer sa reconnaissance et lui dire les
délices dont son âme avait été inondée.
D'autres lettres suivirent bientôt; une sympathie instinctive autant qu'élevée ramenait
constamment sa pensée à l'abbé Viennois;
il lui faisait part de ses luttes morales, de
ses défaillances, de ses victoires, de ses
ardentes aspirations.

« J'avance dans la vie sans devenir meilleur, lui écrit-il, je me laisse aller à la
nonchalance, je ne mets pas plus de ferveur
dans mes prières, et toujours, toujours je
retombe. Oh ! cher Monsieur, que de com-
bats dans la vie ! Je la commence à peine
et j'ai déjà bien eu à lutter. O maudite
colère, je te vaincrai ! aidez-moi, cher

Monsieur, de vos bons conseils. Toutes les fois que je reçois de vos lettres, c'est comme un baume qui me calme et me fortifie. Dimanche passé, j'ai eu le bonheur de recevoir Notre-Seigneur dans la sainte Eucharistie. Que de joies on y goûte ! c'est là que je vais puiser force et consolation. N'ai-je pas bien choisi ? Je remercie sincèment le bon Dieu de s'être fait connaître à moi. Combien de pauvres enfants ne savent pas ce que c'est que d'aimer Dieu ! Je voudrais pouvoir le leur enseigner ».

Un autre jour, il écrit encore : « Votre dernière lettre m'a rendu du courage. Elle est arrivée bien à propos. Depuis quelque temps, j'étais plus maussade et plus désagréable que jamais ; mon père en était bien ennuyé, et moi-même je n'étais pas content de moi. Suivant votre conseil, j'ai été me confesser, et j'ai eu le bonheur de recevoir Notre-Seigneur dans la divine Eucharistie, il y a huit jours. Depuis ce jour-là, je m'efforce d'être bon et agréable pour ceux qui m'entourent, et avec la grâce de Dieu et la force que j'ai puisée dans la sainte communion, je suis devenu moins maussade...

« Oh! que Jésus est bon de descendre ainsi de son trône de gloire jusque dans l'âme d'un pauvre petit pécheur, pour le fortifier et le faire croître dans son amour! Il me semble, que lorsqu'on vient de recevoir Jésus, on voudrait prendre dans ses bras le monde entier, tous les hommes, les élever vers le ciel et les présenter au Seigneur en lui disant : Seigneur, embrasez-les tous de votre amour! Que tous vous aiment! Qu'un seul cri s'échappe de toutes les poitrines : Jésus, nous vous aimons! Oh! que n'aime-t-on pas mieux Jésus! Je voudrais crier à tous : mais aimez-le donc! Ne le voyez-vous pas là, devant vous, attaché sur une croix où il a donné sa vie pour vous racheter?»

Celui à qui échappaient ces accents enflammés et qui savait exprimer avec une si parfaite netteté les saintes pensées dont il avait l'âme débordante était un jeune enfant de douze ou treize ans à peine. Mais c'était une nature d'élite, et la grâce l'avait touchée, et un homme de Dieu la dirigeait et l'élevait de plus en plus dans les régions surnaturelles. « Je m'efforcerai toujours, écrivait à ce dernier son jeune ami, d'être agréable à Dieu et à vous. Votre souvenir me sera toujours cher et m'aidera bien souvent dans la vie ».

En dépit de quelques oublis sans gravité, la correction des défauts avançait : l'abbé Viennois ne fut pas longtemps sans proposer à la générosité de l'enfant un autre but beaucoup plus élevé. Tant de piété et de pureté, tant d'ardeur pour le bien lui parut être une réserve sainte pour le sacerdoce, et un jour, en 1868, dans une lettre à son cher Noël, il lui déclara avoir observé en lui des signes frappants de vocation, et l'engagea vivement à demander à Dieu la grâce d'être un bon prêtre. Si cette perspective émut le pieux adolescent, on le comprend sans peine.

« Le Seigneur serait-il assez bon, assez miséricordieux pour me permettre d'entrer dans son sanctuaire, moi si indigne du moindre de ses dons ? Que cette pensée que vous avez eue m'a ému, Monsieur ! mon cœur battait bien fort en me voyant dans l'avenir ministre du Seigneur. Pourtant, si c'était la volonté de Dieu !... O mon Dieu, serait-il vrai, serait-il possible que je pusse vous prendre dans mes mains, me rassasier de vous tous les jours ! Encore dix ans devant moi ! Pendant ces dix années je vais travailler à la purification complète de mon âme, à mon détachement de tout bien terrestre, de toute affection humaine. »

A partir de ce moment, en effet, la vocation sacerdotale devint la pensée dominante de Noël Ducreux, le but de ses désirs et de ses actions; il voyait le sacerdoce à travers les vertus profondes de M. Viennois, et la pensée d'être un jour prêtre comme lui, de se dévouer comme lui aux œuvres de charité et de zèle, le jetait dans une sorte d'extase, un sourire angélique s'épanouissait sur ses lèvres, ses yeux se mouillaient de larmes et son front rayonnait d'une sorte d'auréole.

« Ah ! je vous le promets bien, écrit-il à son directeur, quand mes vingt ans seront sonnés, je n'attendrai pas une seconde de plus pour entrer au séminaire. Le monde aura beau se présenter à mon esprit avec toutes ses joies, même les plus pures, il ne m'attardera pas. Si je ne suis pas assez instruit pour devenir prêtre, je me ferai frère dans quelque couvent où la robe de bure me couvrira jusqu'au jour de ma mort. Dieu a parlé trop haut à mon cœur; je servirai les pauvres moi-même, ou bien je me réfugierai dans le cloître. »

La guerre de 1870 éclate ; Noël gémit de l'inaction à laquelle le condamnent et son âge et l'état déplorable de sa santé. Du moins, il veut s'initier, en compagnie de l'abbé Viennois, au ministère de la charité sacerdotale. « S'il m'était permis cet hiver de passer quelque temps à Lyon, nous irions ensemble, si vous le vouliez bien, porter à nos frères souffrants les consolations de toute sorte dont ils auront besoin. J'aimerais beaucoup m'adjoindre à vous pour un semblable office. Que vous êtes heureux de pouvoir soulager ces pauvres, non seulement dans leurs besoins corporels, mais encore dans tous les besoins de leur âme ! »

La maladie ne permit pas au jeune homme d'aller au bout d'aucun de ses désirs ; les médecins l'envoyèrent à Nice passer la dernière partie de l'hiver, et tout ce qu'il put faire à cette heure où les malheurs de la France sollicitaient son dévouement, ce fut d'offrir à Dieu le sacrifice de sa vie pour le salut de notre bien-aimée patrie.

Dans toutes ces stations hivernales ou balnéaires auxquelles il allait demander le rétablissement de sa santé, il n'oubliait pas sa noble ambition d'être prêtre un jour, et sitôt qu'il eut vingt ans, nourri de fortes et saines études qu'il avait faites à peu près tout seul, il demanda à son père de le laisser entrer au grand séminaire. M. Ducreux était trop généreux chrétien pour ne pas accueillir avec joie cette demande. L'abbé Viennois fit des démarches pour faire admettre son jeune ami au séminaire d'Alger. Noël vint passer quelques jours auprès de lui avant de partir; il alla demander la bénédiction du Père Chevrier qui lui dit en le relevant : « Nous irons jusqu'au bout, n'est-ce pas ? nous serons prêtre, pour faire du bien aux pauvres hommes. Il y en a tant besoin ! » Les enfants déguenillés qui jouaient dans la cour l'émurent vivement, et il se sentit pris d'un immense désir de faire ce que faisait si bien, si grandement, si saintement l'abbé Chevrier. Réconforté par cette bénédiction, par celle de son cher et vénéré directeur, il partit avec son père pour Alger.

Mais là, nouvel encombre : sa santé ne lui permet pas de s'installer au grand séminaire de Kouba. M. le vicaire général, Comte-Calix, un Lyonnais qui a laissé sur la terre africaine de saints et profonds souvenirs, s'occupe de lui et l'adresse aux Pères jésuites, qui lui donnent des leçons de théologie. Mais le climat, au lieu d'améliorer sa santé, ne fait qu'accélérer les progrès de la phthisie dont il est atteint. Pendant les cinq premiers mois, les crises d'hémoptysie se succèdent sans cesse et se terminent enfin par une pleurésie double qui le met à deux doigts de la mort. Rien n'ébranle la résolution du saint jeune homme qui écrit à son directeur : « Je tenterai tout plutôt que de renoncer à mon dessein....

« Vous seul pouvez me donner les vraies consolations, parce que vous seul connaissez les vrais désirs de mon cœur. En me disant que Notre-Seigneur m'associe à lui comme victime, avant de me faire participer à son sacerdoce, vous touchez la corde sensible et me comblez de joie. Merci donc mille fois de vos affectueuses lettres. Je veux m'efforcer, sous l'inspiration de cette belle pensée, de supporter en chrétien toutes ces épreuves par lesquelles il plaît à Dieu de me faire passer. Qu'importent les chemins pourvu qu'on arrive ? Et même au point de vue chrétien, c'est la voie étroite, rude, laborieuse, qui conduit plus sûrement au but : me voilà à l'œuvre ! Je n'ai plus devant les yeux que ce grand jour, ce jour si désiré de la tonsure. »

Cependant, il fallut le ramener en France sans la tonsure et dans un pitoyable état.

Il allait s'affaiblissant toujours, et c'était un spectacle attendrissant que de voir ce jeune homme au front pâle, aux joues amaigries et dont les yeux si purs et la parole si grave et si douce faisaient penser à saint Louis de Gonzague.

Il avait la mort sur les lèvres et il pensait encore être prêtre. « Tous ces longs retards, disait-il à l'abbé Viennois, ne font qu'irriter mes désirs ; je ne puis voir un jeune prêtre à l'autel sans me sentir vivement ému. Quand y monterai-je moi-même ? »

Parmi les dernières lettres écrites par Noël à son ami vénéré, et où sa tendresse filiale semble s'éclairer au voisinage du ciel d'un plus chaud rayon de charité, qu'il nous soit permis d'en reproduire une qui nous apparaît comme le résumé historique et saisissant de ces rapports d'âme et comme le testament de cette sainte amitié. Noël avait passé quelques jours à Lourdes et il avait écrit à l'abbé Viennois, à cette date curé de Saint-Joseph : « Je n'ai pas besoin de vous dire si j'ai pensé à vous et à votre cher troupeau. Savez-vous l'idée qui m'est venue à l'esprit ? Il me semble qu'en priant pour vous, je participe un peu à votre apostolat, et cette pensée me console de ce que je ne puis encore me préparer à l'exercer moi-même. Je glane quelques épis que vous joignez aux gerbes de blé pour faire le pain dont vous nourrissez votre troupeau. »

Sans doute la réponse de M. Viennois fut plus affectueuse que jamais. Voici la réponse que lui écrivit Noël Ducreux :

Pau, 18 novembre 1874.

« Cher abbé Viennois,

Oh ! la bonne lettre ! Vous me traitez d'ami, d'enfant, de frère ; et moi qui vous aime autant qu'ami, frère et enfant du monde peut aimer, je ne saurais vous dire combien vos affectueuses paroles me vont droit au cœur. C'est que j'ai vraiment beaucoup de titres à votre affection. Sans compter que je suis le petit-fils d'une âme que vous avez envoyée au ciel, vous me couvez du regard depuis onze ans, et voilà plus de neuf ans que vous me donnez la vie de l'âme, que vous m'éclairez, me guidez, me réchauffez. Que de fois, sans que vous l'ayez su, vos chaleureuses exhortations sont venues en pays lointain me tirer de ma torpeur et ranimer mon zèle pour l'avancement de mon âme ! *Refecisti me.* Vous êtes aussi mon père, car si vous ne m'avez pas fait, vous m'avez refait.

Je repasse bien souvent dans mon esprit les voies par lesquelles il a plu à Dieu de me faire passer sous votre conduite : vous étiez loin souvent, mais vous m'écriviez d'écouter Jésus parlant au dedans du cœur, et vous me le persuadiez si bien que je me recueillais aussitôt pour écouter sa voix.

Ça été là proprement l'œuvre de votre direction, et ce que vous ne m'écriviez pas,
vous priiez Jésus de me le dire, sachant
bien qu'il sait mieux que qui que ce soit
dire à l'âme les choses de la vie éternelle.
J'ai contracté envers Dieu des dettes infi-
nies ; j'en ai contracté aussi de bien grandes
envers vous. *Quid retribuam ?... Calicem
salutaris accipiam et nomen Domini invo-
cabo.* Oh ! quand je le prendrai dans mes
pauvres mains, ce calice si ardemment
désiré, je l'offrirai pour vous, cher abbé
Viennois ; nous l'offrirons ensemble, n'est-
ce pas, et d'abord à ma première messe, où
vous serez debout à mes côtés.....

Cher abbé Viennois, quand causerons-
nous avec Dieu, avec ses anges et ses saints ?
Qu'il fera bon dans la Jérusalem céleste !
Il me semble parfois que je m'y promène
en compagnie de saint Augustin ou de saint
Thomas, écoutant leurs leçons qu'ils feront
sous la dictée de Jésus-Christ. Je crois que

le ciel nous réserve une vie moins différente de la nôtre qu'on ne le pense généralement. La vie de la nature sera changée
sans doute, mais non perdue. Il me semble
que nous verrons tout transformé et glori-
fié en Dieu. Comme nous serons beaux !
vous, entouré de toutes les âmes que vous
aurez envoyées au ciel ; moi... que sais-je ?
mon unique désir pour le moment, dans
l'ignorance où je suis des desseins particuliers de Dieu sur mon avenir, est d'être
placé au chœur des Vierges : *Virgines se-
quuntur Agnum quocumque ierit.* Quelles
délices d'être resté pur pour les embrasse-
ments éternels de l'Agneau !

J'ai communié les quatre jours que nous
sommes restés à Lourdes et j'ai servi deux
fois la messe... Je vous dirai au ciel toutes
les joies intimes que j'ai goûtées ces quatre
jours ; quatre jours bénis, quatre jours
sanctifiés, quatre jours cachés dans la face
du Père.

Adieu, cher abbé Viennois. J'aimerais mieux ne rien vous écrire, vous dire seulement : je vous aime, je pense à vous, je prie pour vous et je suis quand même le pécheur que vous connaissez. »

Comme la colombe prête à prendre son vol, le cher enfant avait les ailes et le regard de son âme constamment tournés vers le ciel, et nous retrouvons encore plusieurs fois dans ses dernières lettres le même cri du cœur qui aspire avec d'autant plus de force aux délices éternelles qu'il semble déjà les entrevoir. « Cher abbé Viennois, quand serons-nous ensemble dans le Paradis ? Quand verrons-nous notre Bien-Aimé ? Quand seront finies les douleurs de cette vie, où il faut vivre au milieu des méchants, voir sans cesse le mal, subir les tentations qui oppressent le cœur et menacent de le souiller ? »

Ainsi ces deux cœurs s'appelaient l'un l'autre du côté du ciel. Ils y sont réunis

maintenant dans la possession de l'indéfec-
tible charité. Le temps de la séparation et
des larmes est passé. A quatorze ans de
distance, l'âme sacerdotale a rejoint l'âme
vierge dans le ciel, et ensemble elles voient
Dieu devenu plus que jamais leur unique
Bien-Aimé.

Noël put mourir dans les bras de son
ami, selon le vœu que nous trouvons dans
une de ses lettres : Je bénirai Dieu, si la
mort de l'un ou de l'autre trouvait l'ami du
mourant prêt à recevoir son dernier soupir.
Au mois de mars 1876, se trouvant à
Hyères, il fut pris de vomissements de sang
extrêmement abondants : c'était la fin, il
était facile de le voir. Sur son instante demande, son père le ramena à Lyon pour lui
donner au moins la consolation de mourir
au pays natal, au milieu des êtres aimés.
Le dévouement de sa cousine, Mme G. Ducreux, chez laquelle il descendit, ne put
retarder que de quelques jours le fatal dé-

nouement ; mais la foi jeta sur ces derniers jours, sur leurs tristesses et leurs émotions, le pâle et beau rayon des espérances chrétiennes. Sitôt que les exigences de son ministère lui laissaient un moment de loisir, l'abbé Viennois accourait au chevet de son cher malade. Ensemble ils parlaient du ciel, et ce sujet n'était point pour déplaire à Noël, car il voyait approcher la mort sans effroi, et, jusqu'à la fin, il fut doux et paisible envers elle.

Ce fut le 25 mars, pour la fête de l'Annonciation de la sainte Vierge, que l'abbé Viennois donna le saint Viatique au jeune mourant. Le moment de cette dernière communion fut particulièrement beau. Il y avait onze ans que Noël avait reçu pour la première fois le corps sacré de Notre Seigneur. L'abbé Viennois l'avait préparé, l'abbé Viennois avait été là, tout près de lui, au moment où il communiait. Le souvenir de ce beau jour était tout resplendissant dans son âme. « C'était, disait-il une fois, les prémices des grâces de Dieu, c'était un ruisseau de miel qui coulait de mes lèvres dans le fond de mon cœur. » Et maintenant dans sa chambre de malade, toute parée de fleurs et de lumières, il voyait revenir à lui ce prêtre tant aimé, lui apportant encore une fois la sainte communion, la dernière ! Le visage du jeune homme mourant était tout transfiguré de bonheur.

La couronne était prête. A quelques jours de là, le 31 mars 1876, Noël Ducreux entra en agonie ; à dix heures du soir, il rendit sa belle âme à Dieu. D'un mot, son cher directeur composa son épitaphe : *Mihi vivere Christus est* (Philipp., 1, 21). Jésus-Christ est toute ma vie.

Son cher Noël ! c'était un si beau caractère, une âme si vivante ! Il avait écrit à son directeur et à d'autres tant de lettres toutes vibrantes du plus pur esprit chrétien, pleines de pensées graves et pieuses auxquelles un style jeune, alerte, personnel ajoutait un charme de plus ! Un tel monument devait-il périr ? Fallait-il dérober au public chrétien un tel trésor d'édification, à la jeunesse bien-aimée un modèle de vertus si rares ? M. Viennois ne le pensa point, bien qu'il fût plus que personne partisan des vertus cachées. Il remit au père de Noël le précieux recueil qu'il avait entre les mains, et ce fut d'après ses conseils que celui-ci fit paraître les deux beaux volumes intitulés : *Souvenirs d'un Père. Noël Ducreux.* Quant aux lettres écrites par lui à son jeune ami, l'abbé Viennois exigea qu'elles fussent détruites, et nous n'en retrouvons vestiges que dans celles de Noël.

La vie de M. Viennois à Saint-Nizier se continuait sans incident, remplie chaque jour par l'exercice de la charité et du zèle sacerdotal. Comme la direction des jeunes gens et des hommes prenait dans son mi-

nistère une place de plus en plus importante, il fut naturellement désigné, dans les
dernières années de son vicariat, pour s'occuper de l'Adoration nocturne, une de ces
œuvres de piété solide comme il y en a tant
à Saint-Nizier, association florissante et
relativement nombreuse, dont les membres
actifs, hommes de la haute société, com-
merçants ou simples ouvriers, s'engagent à
passer chaque mois une nuit en prière et
en adoration devant le Saint Sacrement exposé. Cette veillée sainte, vraie garde de répa-
ration et d'amour montée par des hommes
de cœur, au milieu de l'immense cité en-
dormie, se termine au matin par la bénédiction du Saint Sacrement. L'abbé Viennois eut le bonheur d'augmenter le nombre
des associés et d'imprimer à cette œuvre
admirable un nouvel et vigoureux élan.

Il fit le pèlerinage de Rome en 1870, à
l'occasion du concile. Mgr Desflèches s'y
était rendu, et de Rome où il était déjà le

1ᵉʳ janvier, il engageait vivement son cher
ami et frère d'adoption à venir le rejoindre.
La proposition était de nature à plaire à
M. Viennois. Voir Rome! voir le Pape! être
béni par lui! c'était pour son âme de prêtre
une joie sans égale. Il partit donc au commencement du mois de mai, en compagnie
d'un de ses confrères de Saint-Nizier,
M. l'abbé Bridet; trois jours après, il était à
Rome.

A cette date, mais pour quatre mois seulement, Rome était encore au Pape, et le
soldat piémontais, retenu à quelques lieues
en arrière par l'épée de la France, n'attristait
pas de sa présence l'aspect de la ville sainte.
Elle avait encore toute son antique simplicité, toutes ses vieilles rues peuplées de
souvenirs, tous ses sanctuaires vénérés,
fréquentés par une foule pieuse, et à ce
moment, le concours de tant d'évêques, de
religieux, de docteurs, venus de tous les
points de l'univers, n'ajoutait pas peu au

prestige de la capitale du monde chrétien.
A l'occasion du concile, la Rome papale
voyait ses dernières fêtes, et l'Eglise ses
dernières joies, au moins jusqu'à ce qu'il
plaise à Dieu de mettre fin à la longue
épreuve qu'elle traverse depuis lors.

Bien qu'il prît dans les solennités publiques sa grande part d'émotions pieuses,
l'abbé Viennois ne se laissa pas absorber
entièrement par ces fêtes. Aux jours où
Mgr Desflèches était libre, il venait le chercher dans la maison qu'il habitait avec les
autres vicaires apostoliques de la société
des Missions étrangères, et il l'emmenait
visiter avec lui quelque monument religieux; ou bien, seul avec M. Bridet, il s'en
allait de sanctuaire en sanctuaire, tantôt à
la prison Mamertine, tantôt aux catacombes,
ou bien à la *Scala sancta* et à Sainte-Croix
de Jérusalem, restant partout longtemps en
prière, questionnant le cicerone, visitant

tout, vénérant toutes les reliques, buvant enfin l'édification des choses de Rome.

Les deux pèlerins eurent le bonheur d'obtenir une audience de Pie IX. Quand l'illustre pontife, après avoir vu d'autres personnes, arriva vers eux, l'abbé Viennois se précipita au-devant de lui et se jeta à genoux; il baisait les pieds du Vicaire de Jésus-Christ, il pleurait, sanglotait et ne pouvait articuler une seule parole. Pie IX élevant la main lui dit : « Je vous bénis, vous, vos intentions, celles de vos parents et de vos amis. » De tous les jours qu'il passa à Rome, celui-là fut le plus beau.

Le 20 mai, il fallut partir, après avoir fait promettre à Mgr Desflèches de venir à Lyon et de passer un mois à Saint-Nizier. Les deux pèlerins voyagèrent toute la nuit en chemin de fer; le lendemain matin, ils descendaient à Ancône, et de là ils allaient à Lorette pour vénérer la *Santa Casa*. C'est de ce nom que l'on appelle la maison de la sainte Vierge à Nazareth, qui, ainsi que le démontre l'étude des faits, fut transportée miraculeusement sur ce point béni des côtes de l'Adriatique. Quand ils y arrivèrent, l'autel de la *Santa Casa* était retenu par un certain nombre de prêtres qui devaient y célébrer avant eux. Ce ne fut qu'à une heure de l'après-midi que l'abbé Viennois put y dire sa messe. Mais quel bonheur pour lui de prononcer les paroles saintes et de consommer le sacrifice du corps et du sang de Notre-Seigneur entre ces quatre pauvres murs, où l'ange salua Marie pleine de grâce, où le Verbe se fit chair, où Jésus habita avec Joseph et Marie durant les années de son enfance et de sa jeunesse ! Les joies saintes de cette messe couronnèrent dignement toutes celles qu'il avait goûtées dans ce cher pèlerinage à Rome et en Italie.

Les tristes événements qui marquèrent la fin de 1870 vinrent bientôt jeter le trouble dans toutes les existences. Qui ne se rappelle, s'il est arrivé à l'âge d'homme, le désordre de cette fatale époque, les angoisses patriotiques et les hontes de la défaite mêlées aux poignantes inquiétudes que faisaient concevoir des émeutes sans cesse renaissantes, l'affolement des masses, le découragement des honnêtes gens, le drapeau rouge flottant en permanence sur l'hôtel de ville de Lyon, enfin tout cet affreux chaos de malheurs et de passions politiques au milieu duquel la pauvre France se débattait ? Les prêtres firent leur devoir. Dans les ambulances et sur les champs de bataille, ils reçurent le dernier souffle des mourants; dans les paroisses ils firent prier, ils consolèrent et rendirent un peu de calme et de confiance aux esprits troublés.

Le clergé de Saint-Nizier établit sur la paroisse des ambulances où les militaires malades et les blessés furent entourés de tous les soins. Pour sa part, l'abbé Viennois les visitait souvent, parlant de Dieu et encourageant chacun à la patience. Durant ces jours d'épreuves, où d'ailleurs il redoubla de zèle et d'activité, il eut la consolation de faire beaucoup de bien, comme on peut en juger par ces lignes extraites d'une lettre qu'il écrivait à Noël Ducreux, les seules qui nous restent de cette correspondance :

« Le bon Dieu bat le rappel, il faut bien recevoir les âmes. Comme les desseins de Dieu sont admirables ! Les moyens que l'on prend pour le chasser des cœurs sont précisément ceux qui l'y font rentrer. Depuis que j'ai le bonheur d'être prêtre, je n'ai jamais vu tant d'âmes touchées de Dieu ».

Puis vint un jour où il sentit l'irrésistible besoin de sortir du confessionnal et de la sacristie où il passait sa vie, pour porter au loin les consolations de son ministère. Il connaissait dans les familles lyonnaises

bien des vides douloureux. Les fils et les
jeunes hommes étaient partis, et que de fois
il avait entendu les mères et les épouses se
lamenter sur le sort de ces malheureux
exposés aux balles de l'ennemi, ou blessés
déjà et perdus dans les rangs d'une ambu-
lance à travers les autres malades, sans
ressources, sans les soins nécessaires,
sans consolation, peut-être sans secours
religieux !

D'autres fois, les nouvelles faisaient absolument défaut sur ces chers absents et l'inquiétude de certaines familles était na-
vrante. L'abbé Viennois annonça qu'il irait
à Besançon et de là vers Héricourt, où se
trouvait la première légion du Rhône, qu'il
visiterait les blessés et ferait toutes les
recherches possibles. Ce fut à qui lui con-
fierait des lettres et des commissions d'argent ou en nature. Il partit donc vers la
fin de janvier 1871 et transporta sur le
théâtre de la guerre sa mission quotidienne

de charité bienfaisante et consolatrice. Arrivé à Besançon, en compagnie d'un de ses parents et d'un ami, M. Origène, qui venait d'être agréé comme aumônier militaire, son premier soin est de courir à l'archevêché demander des pouvoirs de confesseur pour administrer les blessés et les mourants qu'il pourrait rencontrer, et muni de ces pouvoirs il prend, avec ses deux compagnons, la direction d'Héricourt. La route défoncée par le passage de l'artillerie et des fourgons, couverte d'une neige noirâtre et moitié fondue, était dans un état lamentable; on n'y avançait qu'avec beaucoup de peine; l'abbé Viennois allait toujours vingt pas en avant de ses compagnons, et comme son parent lui demandait grâce pour ses pieds endoloris, il s'arrêtait un peu. « Allons vite, disait-il, avancez, il faut arriver au but ». Il a toujours été ainsi, un entraîneur d'hommes, communiquant son ardeur et sa foi, de façon à se faire suivre sans réplique.

A mesure qu'on approchait du champ de bataille d'Héricourt, les spectacles attristants se multipliaient ; on rencontrait à chaque instant des bandes errantes de soldats échappés à la captivité ou à la mort, des colonnes entières qui regagnaient Besançon en désordre ; dans toutes les fermes, le long de la route, on trouvait des blessés ; l'abbé Viennois eut la joie de confesser un certain nombre de ces infortunés ; il passa quelques jours dans ce pays désolé par la guerre, vivant de privations lui-même, succombant quelquefois de fatigue, mais heureux malgré tout de faire du bien à ces pauvres enfants de la France et d'en aider quelques-uns à mourir chrétiennement.

Durant la guerre, il y eut une œuvre qui s'imposa plus que toute autre à la sollicitude du clergé de Saint-Nizier, et dans laquelle l'abbé Viennois déploya également son zèle. La municipalité du 4 septembre avait chassé les Frères de la doctrine chrétienne du local où ils tenaient l'école paroissiale. M. le curé gravement malade était dans sa famille. Les parents chrétiens s'inquiétaient et la paroisse se demandait si cette œuvre vitale allait périr. Mais déjà M. Viennois s'était mis en campagne, cherchant un nouveau local, quêtant des ressources ; en quelques jours l'existence de l'école était assurée, les Frères rouvraient leurs classes, les enfants y affluaient et M. Berger écrivait à son vicaire pour le remercier.

Enfin, après une année de troubles et d'angoisses, le calme revint peu à peu ; la guerre était finie, la Commune était vaincue, chacun se reprenait à l'espoir de jours meilleurs pour l'Eglise et pour la France. Durant cette accalmie relative, l'abbé Viennois eut l'occasion de goûter quelques bonnes joies du cœur. Mgr Desflèches, qui avait dû aller à Paris immédiatement après l'armistice, avait échappé à la Commune comme par miracle, et il était revenu passer quelques jours à Lyon, où l'abbé Viennois et sa famille l'attendaient. L'évêque du Sut-Chuen et le vicaire de Saint-Nizier s'aimaient comme deux frères, ils avaient les mêmes joies et les mêmes peines de famille; il y eut entre eux durant ces jours de bonnes et longues causeries. Le 25 août, l'évêque célébra une messe où toute la famille communia de sa main : ce fut ce jour-là une douce et belle fête, où ceux qui étaient partis pour le ciel ne furent pas oubliés. Un mois après, l'abbé Viennois recevait de l'Archevêché la proposition de fonder une nouvelle paroisse au quartier des Brotteaux.

CHAPITRE VI

SAINT-JOSEPH. LA PAROISSE

Depuis quelques années le quartier des Brotteaux prenait une extension qui allait toujours croissant. L'agglomération lyonnaise s'augmentait de tous les nouveaux venus de la campagne qu'attirait le mirage trompeur d'une fortune à faire rapidement dans l'industrie et le commerce, et le trop-plein de ses habitants se répandait dans cette vaste plaine sablonneuse et autrefois couverte de lônes

et de vaine pâture, qui s'étendait sur la
rive gauche du Rhône. Déjà il avait fallu
créer de nouvelles paroisses pour les besoins
religieux de ces quartiers neufs. L'Immaculée-Conception, dont M. Coudour avait
été le premier curé, vivait à côté de Saint-
Louis de la Guillotière qui lui avait donné
le jour ; la Rédemption s'était détachée de
Saint-Pothin, et elle venait de construire sa
grande et belle église gothique, encore ina-
chevée aujourd'hui.

Mais la vague humaine grossissait toujours, et elle s'étendait plus au loin, à peine
arrêtée un moment par la ligne du chemin
de fer et par les fortifications de la banlieue ;
les hospices louaient leurs terrains pour y
bâtir des maisons à bon marché, et pendant
que les plateaux élevés de la Croix-Rousse
et de Saint-Just s'éclaircissaient, les Brotteaux se remplissaient d'une population de
plus en plus dense.

On dut, en 1871, songer à un nouveau

fractionnement dans la partie nord-est des territoires de Saint-Pothin et de la Rédemption, aux alentours de la gare de Genève, à côté de la magnifique chapelle des Domi nicains, lesquels avaient déjà fait tant de bien dans le quartier. Mgr Ginoulhiac, archevêque de Lyon, nomma une commission mixte chargée de faire la délimitation de la paroisse projetée. Les limites proposées par M. le curé de Saint-Bonaventure, rapporteur de la commission, et définitivement adoptées par l'archevêché, furent celles-ci : au nord, le parc de la Tête-d'Or jusqu'à la ligne du chemin de fer et même un peu au delà ; à l'est la voie ferrée ; au sud, le cours Lafayette, et enfin la rue Sainte-Elisabeth, au couchant.

A quel cœur sacerdotal allait-on confier cette partie du troupeau ? Certes, au point de vue humain, la position paraissait peu enviable ; tout dans la nouvelle paroisse était à créer, et l'on n'avait devant soi qu'une

population ouvrière, besogneuse, où les
pauvres foisonnaient. Et quelle indifférence
religieuse, quelle ignorance des vérités les
plus élémentaires, dans ces milieux nomades
qui échappaient forcément à l'action du
prêtre! La population en effet était hété-
rogène et très flottante, et l'on n'avait pas
sous la main de ces vieilles familles lyonnaises si fidèles à leur paroisse, qui est pour
elles le centre de leurs traditions et de leurs
souvenirs les plus précieux; ou, s'il s'en
trouvait quelques-unes d'égarées dans ce
quartier cosmopolite, il fallait encore les
rattacher au nouveau groupe paroissial en
leur faisant oublier peu à peu par de nouvelles relations d'âme leurs anciennes affections paroissiales. Il était donc nécessaire
qu'il y eût là un prêtre dont le patrimoine
lui permît de se suffire et de commencer les
travaux les plus indispensables, et qui eût
assez de vertus et de qualités personnelles
pour attirer à lui, et par lui à Dieu, tout ce

monde de pauvres, d'ignorants, de cœurs
ulcérés par la souffrance, d'esprits hostiles
à l'idée religieuse.

Dès la première idée du projet, l'administration diocésaine jeta les yeux sur l'abbé
Viennois : il fut pressenti à ce sujet au
mois de septembre 1871, et, en pleine connaissance du sacrifice qui lui était demandé, des difficultés qu'il trouverait dans
le poste qui lui était proposé, dès le premier instant il accepta. Sa famille partageait
d'ailleurs ses sentiments ; son père l'ap-
prouvait, et il devait bientôt généreusement
l'aider. « Ce sera pour vous, lui écrivait
Mgr Desflèches, un surcroît de travail et
d'inquiétude. Vous serez bien un peu
comme moi, *in partibus infidelium*. Mais le
Maître que vous servez vous aidera à tout
porter et bénira vos efforts. »

Toutefois des difficultés d'ordre adminis-
tratif surgirent, qui retardèrent de quelques
mois la création de la nouvelle paroisse, et

ce ne fut qu'en février 1872 que M. Viennois reçut sa nomination officielle. M. Pagnon, vicaire général, lui disait, de la part de Mgr l'archevêque, qu'une importante mission lui était confiée et que l'on comptait sur son zèle et son dévouement bien connus, pour le succès de cette œuvre. Il devait, tout en restant quelque temps encore à Saint-Nizier, se mettre en rapport avec les maisons notables de la nouvelle circonscription paroissiale, et pourvoir, avec leur concours, aux installations provisoires qui étaient nécessaires.

A quel saint du ciel allait-il confier la famille religieuse qu'on lui mettait entre les mains? De quel nom allait-il la baptiser? M. Viennois pensa un instant à Notre-Dame de Compassion, à laquelle il avait recommandé si souvent son ministère auprès des malades et des affligés. Mais une autre dévotion lui était également chère; c'était la dévotion à saint Joseph, le patron des intérieurs chrétiens, le patron des saintes morts. N'était-il pas juste que saint Joseph fût aussi le patron de la paroisse d'ouvriers dont il devenait le curé ? Il se décida pour ce dernier parti, mais en se promettant bien de réserver une grande place à Notre-Dame de Compassion dans les dévotions parois-siales. Du reste, le choix de ce vocable ne fut pas sans provoquer certaines difficultés. Une autre paroisse de Lyon, paroisse ou-vrière elle aussi, et de fondation plus an-cienne, revendiquait saint Joseph comme son patron, bien qu'elle fût connue sous un autre nom. Le conseil archiépiscopal dut prononcer dans ce conflit de piété, et les vœux ardents de M. Viennois furent exau-cés : il fut autorisé à conserver le vocable de saint Joseph pour sa paroisse.

Dans le dénûment absolu de ressources où l'on se trouvait, on ne pouvait raison-nablement penser à construire une église en rapport avec le chiffre de la population ; il fallait se contenter du provisoire ; M. Viennois choisit un emplacement, rue Ney, au centre même de la paroisse. Le quartier était bien ce qu'il y avait de plus populaire et aussi de plus avancé pour les idées, et les pâles voyous, que le voisinage de la chapelle des dominicains incommodait déjà, s'arrêtèrent plus d'une fois devant cette bâtisse nouvelle pour décocher leurs injures à l'adresse des curés. Et encore, s'ils s'étaient contentés de crier ! mais le diable leur soufflait dans l'esprit toutes sortes d'inventions malignes. La nuit, ils forçaient l'enceinte des travaux, défaisaient et gâtaient le plus d'ouvrage qu'ils pouvaient, cachaient les outils des ouvriers ou les emportaient simplement. La police, qui n'osait trop s'aventurer la nuit dans ces quartiers, laissait faire et se bornait à constater les délits.

Quant au jeune curé, il visitait chaque jour ses nouveaux paroissiens, depuis le taudis noirâtre planté tant bien que mal dans les terrains vagues et inhabités, jusqu'à la maison proprette, nouvellement construite, qui accusait l'aisance de ses habitants. Il se présente à tous comme le messager de la bonne nouvelle. « Oui, nous allons avoir une église, ce sera votre église, il faudra y venir et nous amener vos enfants. » Il a d'affectueuses paroles pour tous, et son aspect à la fois sérieux et affable apaise dans les milieux hostiles les colères qu'il semblait devoir susciter. Il parcourt le champ confié à son zèle, jetant partout la semence du bien, et déjà il récolte pour l'œuvre naissante des sympathies, des dévouements, des ressources de toute nature.

Il ne négligeait point pour autant ses travaux d'installation ; les écoles furent prêtes les premières, et, dès le commencement d'octobre 1872, elles s'ouvraient à des groupes compacts d'enfants, que leurs parents étaient heureux de confier aux soins des Frères de la Doctrine chrétienne ou des bonnes Sœurs Saint-Charles. Pendant ce temps, l'église s'achevait, et à la fin du même mois on put l'inaugurer. Certes, elle était d'apparence bien modeste, cette pauvre église en mâchefer, avec sa grande et unique nef blanche, terminée brusquement par un mur droit et un chœur minuscule ; elle n'avait aucun mérite architectural, elle était provisoire, chacun le savait, et il semblait qu'on ne dût pas s'y attacher. Mais depuis lors on y a tant prié ! on y a vu, entendu, aimé un homme de Dieu ! Combien cette petite église a été chère aux âmes qui l'ont fréquentée !

La bénédiction eut lieu le dimanche 27 octobre, en la fête du Patronage de la sainte Vierge. Ce fut un beau jour pour tous, surtout pour le jeune et zélé pasteur qui se trouvait pour la première fois au milieu de ses ouailles. Et néanmoins, quand le délégué de Mgr l'archevêque, M. Pa-

gnon, vicaire général, vint à la porte de
l'église recevoir M. le curé, entouré de ses
fabriciens, on remarqua avec attendris-
sement qu'en prenant l'étole pastorale,
M. Viennois sanglotait. Ce n'était certes pas
la vue du labeur qui étreignait ce cœur
vaillant. Mais peut-être son émotion, à laquelle sans doute n'était pas étrangère la
douceur de se sentir au milieu de son troupeau bien-aimé, provenait-elle aussi de la
pensée de tant de peines qu'il aurait à porter, de tant de douleurs qu'il aurait à consoler.

On eut le secret de son cœur quelques
instants après, lorsque, montant en chaire,
il adressa pour la première fois la parole à
son peuple. « Venez à moi, dit-il, vous qui
travaillez, qui portez le poids de la peine,
et moi, je vous soulagerai, je vous referai ».
C'était la parole aimée de Notre-Seigneur
Jésus-Christ, le modèle des pasteurs ; ce fut
sa première parole, et en cette parole, le

programme de toute sa vie de curé. Avec quel accent profond et pénétrant il la prononça ! avec quelle ardeur de foi et de sentiment il en fit le commentaire ! On était stupéfait, remué, attendri ; les paroissiens de Saint-Joseph, *ses bien-aimés Frères*, comme il se plaisait déjà à les appeler, venaient de comprendre quel pasteur la Providence leur envoyait.

De retour à la sacristie, avant même de monter au saint autel, il embrassa avec effusion ses deux vicaires, M. Ogier et M. J. Besson. « Et maintenant à l'œuvre ! leur dit-il dans cette chaleureuse étreinte ; *Unà uni !* Ensemble, pour Dieu seul ! »

Le soir de ce beau jour, on pouvait apprécier à leur juste valeur l'importance de l'œuvre qui allait se faire et les qualités de l'homme que Dieu y employait. M. Viennois avait conquis l'estime de tous et l'affection d'un grand nombre, deux sentiments qui devaient aller grandissant toujours et faire de lui à bref délai, comme le disait quelques jours après un brave ouvrier de la paroisse, *le roi du quartier.*

L'église bâtie, il fallait qu'elle se remplît non seulement un jour d'installation, mais tous les dimanches et toutes les fêtes ; il fallait surtout que l'influence chrétienne allât chercher jusque dans les moindres recoins de la paroisse toutes les âmes, mortes ou vivantes, qu'elle renfermait, pour les instruire, les consoler, les moraliser et les donner à Dieu. Le jeune curé ne s'y épargna pas ; il créa des œuvres multiples, comme nous le verrons plus loin, mais du reste il était trop absorbé lui-même par les détails infinis d'une fondation pour suivre ou diriger personnellement toutes ces œuvres ; il les suscitait, les organisait de concert avec ses collaborateurs, les confiait entièrement à leur zèle sacerdotal et continuait à veiller de près sur elles, car il était toujours là, encourageant chacun par une amitié forte qui exigeait beaucoup pour le bien, mais que l'on sentait loyale, inaltérable, et toute en Dieu et pour Dieu.

Quant à lui, il se dépensait sans compter, par une action personnelle vraiment infatigable. Sauf l'intervalle de midi à trois heures, il passait la journée à la sacristie; là se donnaient ses audiences. On y voyait arriver quelquefois de grandes dames et des hommes distingués, qui venaient lui confier de douloureux secrets et lui demander un conseil et des prières; mais le défilé ordinaire était celui des petites gens, des pauvres hères, des malheureux de toute sorte, chapelet vivant de misères qui s'égrenait devant lui toute la journée. Les uns lui demandaient une place, les autres sollicitaient sa recommandation; à tous il fallait un premier secours qui soulageât leurs besoins les plus urgents. Il écoutait patiemment les plaintes de chacun, répondait quelquefois par de bons avis, consolait et donnait toujours, il ne savait pas refuser.

Aussi sa bourse ne suffisait pas à ses charités et il allait constamment frapper à celles de ses amis. On le voyait quelquefois, dans le milieu de la journée, marcher d'un pas pressé, son chapeau à la main, saisir un omnibus au passage, réciter son bréviaire durant le trajet pour *économiser* le temps, s'absorber dans sa prière malgré le bruit et les conversations, et arrivé au but de la course, au centre de la ville, ordinairement sur le territoire de la chère paroisse de Saint-Nizier, aller aux maisons connues pour les intéresser au sort de quelqu'un de ses malheureux paroissiens.

Ainsi il recevait d'une main et donnait de l'autre, servant de trait d'union entre les riches et les pauvres, apitoyant les uns, apaisant et soulageant les autres, mettant au cœur de tous les respects et les tendresses de la charité chrétienne, et résolvant à sa manière, qui est la manière de Jésus-Christ, la seule vraie et efficace, comme aussi la plus simple, le terrible problème de la question sociale.

Il aimait les ouvriers qui formaient le fond de sa paroisse. Quand il en rencontrait quelqu'un qui venait à lui pour lui exposer une peine quelconque, il le serrait dans ses bras avec cette simplicité toute cordiale qui ne le quittait pas, et l'autre se retirait heureux de cette étreinte du prêtre.

Nous choisissons un trait de ce genre entre cent autres qui lui ressemblent. Un jour, il voit venir à la sacristie deux hommes aux mains calleuses, aux vêtements usés, deux ouvriers. L'un s'avance vers lui et lui dit qu'il vient pour régler les funérailles de son enfant; puis il ajoute d'un air embarrassé : « C'est bien pour cela que je suis venu, mais c'est encore pour autre chose. Monsieur le curé, voilà! vous êtes venu il y a quelque temps à la maison, et je vous ai adressé de mauvaises paroles. Eh bien, Monsieur le curé, je suis fâché de vous avoir insulté et je suis venu avec le camarade pour vous faire mes excuses. — Mais, mon pauvre ami, répond M. Viennois, je ne me souviens pas de cela. En tout cas, je vous pardonne de grand cœur, car vous êtes bon et honnête. Croyez-moi, quand vous connaîtrez mieux le prêtre, vous verrez que vous n'avez pas de meilleur ami ». Puis il lui demande comment allait sa femme, et comme l'ouvrier répond qu'elle était malade. « Eh bien, portez-lui cet argent, lui dit-il, vous le lui donnerez de ma part. » Et se tournant vers l'autre ouvrier : « Mais vous êtes venus deux. Est-ce que vous auriez peur de moi ? — Oh ! non, Monsieur le curé. — A la bonne heure ! Vous voyez bien que je n'ai pas l'air méchant. Allons, embrassons-nous, mes amis, et que la paix soit faite. »

Le bon curé racontant cette aventure le

jour même en avait encore les larmes aux yeux. « Oh ! comme c'est bon ! s'écriait-il. Voyez-vous ce brave homme venant me faire des cxcuses ? Cela m'a remué jusqu'au fond du cœur. Il y a du bon, du bien bon, chez ces pauvres ouvriers ! »

A la première page du Coutumier écrit par M. Viennois, pour la direction de sa paroisse, on lit cette réflexion : « Pour Messieurs les Vicaires, une bonne habitude serait de descendre de leurs chambres vers six heures moins un quart, au moment où les ouvriers vont à leur travail. Il y aurait dans cette rencontre de nos chers ouvriers avec nous, les ouvriers du bon Dieu, l'occasion de quelques bonnes pensées pour ceux-là. Nous faisons notre journée comme eux, et la nôtre commence en même temps que la leur. »

Il y a dans ces lignes si simples un sentiment de confraternité comme seule en inspire la foi, et une intelligence bien vraie du cœur des ouvriers. Ceux-ci ne s'y trompaient point ; ils savaient qu'il y avait au presbytère de Saint-Joseph un curé franc, dévoué, sympathique, qui les aimait de tout son cœur, et la vue de la soutane, avec laquelle ils se familiarisaient, ne les effrayait et ne les irritait plus depuis qu'ils connaissaient le *père Viennois.*

Et à vrai dire, le bon curé ne négligeait aucune occasion d'amener ce rapprochement entre la soutane du prêtre et la blouse du travailleur. Un des moyens qu'il affectionnait le plus pour se mettre en rapport avec ses chers paroissiens était la *visite pastorale,* œuvre de grande importance, disait-il, et qu'il recommandait longtemps d'avance aux prières des fidèles. Le prétexte de la visite pastorale était une quête pour les pauvres, et en fait les deux dames de charité qui accompagnaient M. le curé ou ses vicaires, portaient une aumônière destinée à recevoir les offrandes des personnes aisées. Mais le but était surtout de mettre les fidèles en rapport avec le clergé de la paroisse, et de faire connaître aux prêtres les besoins souvent ignorés des familles pauvres du quartier.

« Qu'elles étaient touchantes, nous écrit une de ces dames, les visites faites par le curé de Saint-Joseph ! son cœur si compatissant savait trouver le chemin du cœur des malheureux. Depuis six heures du matin jusqu'à cinq heures du soir, il passait d'une mansarde à l'autre, donnant des secours, des conseils, de bonnes paroles affectueuses, et laissant dans des sentiments de résignation chrétienne des pauvres jusque-là irrités contre tout le monde et désespérés de leur sort.

« Ici, c'est une septuagénaire, infirme, incapable de travailler. Elle est assise près de son poêle éteint et il fait bien froid. Le vénéré pasteur est profondément ému de cette détresse, il console la pauvre femme et lui laisse le nécessaire pour acheter du charbon.

« Dans une autre mansarde, nous trouvons un convalescent jeune encore ; il paraît aigri et profondément irrité ; il lui faudrait du quinquina pour achever de se rétablir. « Mais, dit-il, le quinquina n'est pas fait pour des malheureux comme nous ; c'est trop cher. — Que dites-vous ? mon bon ami ? répond M. le curé. Mais, nous en donnons, du quinquina. Vous en aurez, voilà des bons ; vous n'aurez qu'à vous présenter chez les Sœurs pour en avoir. » Le pauvre jeune homme est touché du ton affectueux avec lequel on lui parle, et, la visite finie, il serre avec effusion la main du charitable pasteur.

« Partout où il entrait, il faisait le bien, encourageant les familles fidèles, faisant un amical reproche quand il apprenait que l'on travaillait le dimanche, découvrant de çi de là quantité de misères morales aux-

quelles il avait hâte ensuite de porter
remède.

« Enfin, pendant cette semaine de la
Sainte-Elisabeth qui était si bien employée,
le côté matériel, celui de la quête, était
souvent négligé. Il nous empêchait, nous
qui avions l'aumônière, de demander
quoi que ce fût ; et que de fois dans la journée nous voyions se reproduire des scènes
comme celle-ci : Nous entrions chez des
ouvriers ou chez de petits marchands : la
mère, à la fin de la visite, disait : « Il
faut bien, Monsieur Viennois, que je vous
donne quelque chose, car sans doute ces
dames font la quête. » Et elle se mettait en
devoir de donner deux pièces de deux sous ;
mais **M.** le curé ne laissait pas le temps aux
deux gros sous de tomber dans l'aumônière,
il obligeait la donatrice à reprendre une
des deux pièces, et avec sa simplicité charmante : « Non, mon enfant, disait-il ;
voyez, deux sous, c'est assez, et l'année

prochaine, si les affaires vont mieux, vous nous donnerez quatre sous. » Et si peu qu'on lui eût donné, il se confondait en remerciements. »

La forte personnalité de **M.** Viennois prenait de plus en plus d'empire dans le milieu populaire où la Providence l'avait appelé, et bon nombre d'ouvriers mis en rapport avec lui revenaient à des sentiments meilleurs. Il y avait à la Préfecture du Rhône un homme de cœur, d'intelligence, et de volonté, qui s'intéressait souverainement à la transformation morale de ces quartiers excentriques de Lyon. C'était **M.** Ducros, ancien préfet de la Loire, dont l'énergie est restée proverbiale soit à Lyon, soit à Saint-Etienne. Il mettait toute cette énergie au service de l'ordre moral, comme on disait alors, mais il était le premier à reconnaître que les efforts de l'administration civile, si nécessaires qu'ils soient pour arrêter les excès du mal, ne corrigent cependant rien, parce qu'ils n'atteignent pas le mal dans sa source, le cœur humain, et il soutenait de tout son pouvoir le ministère du prêtre, le seul qui soit moralisateur. M. Ducros connaissait beaucoup M. Viennois. Quand il parlait de lui, il l'appelait familièrement *son curé*. Nul ne suivait avec plus d'intérêt que lui le bien qui se faisait sur ce point de l'agglomération lyonnaise, par les soins de ce prêtre zélé qu'il avait remarqué dès son arrivée à Lyon.

Un jour, à l'occasion d'une réception générale à la Préfecture, il invita l'abbé Viennois à dîner. Le bon et simple curé n'accepta pas l'honneur exceptionnel qui lui venait de si haut, mais il en réclama un autre pour sa paroisse et répondit à **M.** le Préfet que l'on serait heureux de le recevoir à Saint-Joseph. « J'irai volontiers, dit M. Ducros, et je suis bien aise de donner ce témoignage de sympathie à vous, Monsieur le curé, et à vos paroissiens. »

Ce fut le 19 mars 1875, pour la fête de saint Joseph, qu'eut lieu la visite promise. M. le Préfet et Mme la comtesse Ducros furent reçus à la porte de l'église avec les honneurs dus à leur rang ; ils assistèrent à une messe solennelle, chantée par les jeunes gens de la paroisse. Après la messe, ils se rendirent au local de l'asile de la rue Ney, où M. le curé leur présenta les députations de toutes les œuvres paroissiales. M. Ducrosse déclara enchanté de sa visite, et il félicita publiquement le curé de cette nouvelle paroisse si jeune encore, mais déjà si vivante.

CHAPITRE VII

LES ŒUVRES

Si généreuse et si efficace qu'elle soit par elle-même, une action personnelle est forcément restreinte dans ses résultats; elle trouve bien vite devant elle la limite des forces humaines, et un jour vient où la mort l'arrête brusquement. L'homme passe, seules les œuvres sont durables; l'Eglise, qui les approuve et les bénit, semble leur donner quelque chose de son étonnante vitalité. Sous des noms

divers, confréries, congrégations, corpora-
tions, l'Eglise a toujours favorisé les asso-
ciations pieuses ou charitables, et elle les
recommande en ce moment avec plus d'insistance que jamais. Les œuvres sont la
vie d'une paroisse; et il est à désirer que
tous les fidèles, sans exception, soient en-
globés dans un de ces groupements fraternels qui sont une force pour la vertu et la
foi de chacun. Celui qui vit isolé et qui
n'a pas ce bénéfice du soutien mutuel et
de l'édification de ses frères, comment
pourra-t-il se défendre contre les influences
mauvaises qui nous envahissent de toute
part en ce siècle corrupteur ?

M. Viennois avait vu par lui-même, à
Saint-Nizier, quels services rendent à une
paroisse des œuvres bien organisées et dirigées par des hommes de zèle. Sitôt qu'il
fut à Saint-Joseph, il songea à en créer lui-
même, qui lui permissent d'atteindre chacun de ses paroissiens, les jeunes gens, les

jeunes filles, les hommes, les mères de famille, les ouvriers, les malades, les pauvres.

Il semble que ce grand cœur compatissant ait eu pour premier souci le soulagement de ceux qui souffraient. Il existe à Paris, dans l'église Saint-Laurent, une archiconfrérie dite de Notre-Dame des Malades, dont le but est l'assistance des membres souffrants de Jésus-Christ, par la prière et par les œuvres de charité. Elle est enrichie de précieuses indulgences, et par elle il se fait beaucoup de bien dans les quartiers ouvriers de Paris. M. Viennois établit cette confrérie dans sa paroisse. Tous les dimanches, à sept heures du soir, après la récitation d'une touchante prière au Sacré Cœur et le chant plaintif du *Sub tuum*, M. le curé montait en chaire, parlait de ses pauvres malades, les recommandait, et avec quelle insistance affectueuse ! aux prières des âmes charitables, et récitait avec elles deux dizaines de chapelet en l'honneur de Notre-Dame des Sept-Douleurs. Dans sa journée du dimanche, c'était peut-être cette réunion du soir, à l'intention des malades, qui lui était la plus chère, et il n'a pas manqué une seule fois de la présider, sauf pendant les absences que la maladie l'obligea de faire sur la fin de sa vie.

Mais son dévouement pour les membres souffrants de sa paroisse lui fit trouver autre chose encore. A cette œuvre de prière en fut annexée une autre, toute d'action et de charité, celle des Veilleuses. Il avait l'âme navrée quand, visitant certains intérieurs, il y trouvait à la fois la misère noire et la maladie ; il voyait parfois de pauvres mères de famille malades de privations, couchées sur de misérables grabats, sans soins, avec de petits enfants abandonnés à eux-mêmes. Il put grouper un certain nombre de personnes dévouées qui voulurent bien veiller quelquefois la nuit au chevet de ces malheureuses ; ce furent les membres actifs de l'œuvre ; les membres honoraires, qui étaient beaucoup plus nombreux, fournissaient par leurs cotisations les ressources nécessaires. La parole de M. le curé, son exemple, suscitaient partout des dévouements, et il y eut quantité de familles indigentes qui éprouvèrent le bienfait de cette assistance douce au cœur et quelquefois plus salutaire à l'âme qu'aux membres malades.

Il serait trop long de raconter toutes les œuvres qu'il fonda ; Confrères du Saint-Sacrement, Dames du Saint-Sacrement, œuvre du Rosaire, elles faisaient vraiment éclosion comme d'elles-mêmes, à la lumière de ses paroles et de ses exemples de zèle, et à la chaleur de son grand cœur. Qu'il nous suffise de dire que presque toutes elles furent, en même temps que pieuses, essentiellement populaires. Il n'y eut pas jusqu'à la colonie italienne, si nombreuse aux Brotteaux, à laquelle il n'assurât un abri et des exercices particuliers dans son église.

Une partie de son troupeau attirait plus spécialement les sollicitudes de son cœur de père, c'était la jeunesse. La population enfantine a toujours été nombreuse à Saint-Joseph, et M. Viennois en remerciait Dieu comme d'une bénédiction particulière pour la paroisse. Quand, dans une famille ou dans un pays chrétien, il y a beaucoup d'enfants à l'âme naïve et pure, les grâces divines y tombent en abondante rosée, et le ciel semble s'y refléter avec ses joies saintes et ses vertus. Mais, aussi, avec quel soin jaloux ne faut-il pas veiller sur ces frêles et délicates fleurs de l'innocence ! De toutes les sollicitudes du ministère pastoral celle-ci est devenue certainement la plus grave, depuis que la fureur des sectes antireligieuses s'est acharnée si particulièrement à tuer la foi chrétienne dans le cœur de l'enfant.

Outre ses deux écoles congréganistes et

gratuites, M. Viennois avait créé dès l'origine, dans sa paroisse, un petit externat de jeunes filles dirigé par les sœurs Saint-Charles et destiné aux enfants de la classe aisée. Il estimait, en effet, qu'il n'y a rien de plus utile pour l'avenir de l'œuvre qu'il fondait, que de faire entrer dans l'éducation de ces jeunes filles deux sentiments également doux et forts : l'esprit de famille et l'esprit paroissial. Toute âme revient avec amour à ses origines, à l'église, à la maison où elle naquit à la vie surnaturelle ; il est pour chacun de nous des coins de terre et des murs bénis auxquels il s'attache, comme l'oiseau au toit hospitalier qui l'a vu naître et sous lequel chaque année il abrite son nid. Le petit externat grandit très vite à l'ombre de l'église ; les jeunes filles de la paroisse y affluèrent. Au bout de six années, le local étant devenu insuffisant, il fallut s'installer dans une maison beaucoup plus grande de la rue Masséna, et depuis lors le

nombre des élèves est toujours allé en aug-
mentant, à cause des facilités que trouvent
les parents à garder leurs enfants auprès
d'eux, en leur assurant d'ailleurs une instruction et une éducation sérieuses.

Mais c'est surtout aux enfants des classes
laborieuses et pauvres que M. Viennois s'est
intéressé. Jusqu'en 1878, il eut la consolation de voir fleurir la religion dans toutes
les écoles de sa paroisse. Instituteurs et
institutrices laïques comprenaient leurs
devoirs, et ils remplissaient leur mission
avec conscience. Prière, catéchisme, histoire sainte, tout ce que comportait une
éducation chrétienne était traité avec respect, et les maîtres étaient vraiment les
collaborateurs des parents et du curé dans
l'œuvre si importante de la formation morale des enfants.

D'autre part, les deux écoles des Frères
de la Doctrine chrétienne et des Sœurs
Saint-Charles étaient, tout aussi bien que

les écoles laïques, reconnues par la ville et subventionnées par elle. C'était un système éminemment populaire et libéral, qui respectait le droit imprescriptible du pauvre à faire élever chrétiennement ses enfants, et en dehors duquel la gratuité de l'école n'est plus qu'une hypocrisie et une oppression.

Quand l'accord fut rompu et que ceux qui avaient le devoir de veiller aux intérêts moraux du peuple les eurent sacrifiés si criminellement, par haine de l'Eglise, en laïcisant l'enseignement primaire, il fallut fonder partout des œuvres de secours pour les écoles catholiques, œuvres admirables qui ont subsisté jusqu'ici malgré le malheur des temps, et qu'il faut soutenir à tout prix comme le dernier espoir du salut pour la société. Car, le jour où la foi serait morte au cœur de l'enfant et remplacée par ces ferments de haine, de révolte et de mépris qui accompagnent toujours la négation des

croyances, ce jour-là verrait finir honteuse-
ment le plus glorieux des peuples.

M. Viennois profita pour une large part
des souscriptions adressées au comité général des écoles catholiques; mais, même
avant la.constitution de cette grande œuvre
lyonnaise, il avait organisé dans sa paroisse
une œuvre particulière appelée l'Œuvre des
dizaines. De dévouées zélatrices se présen-
taient tous les mois chez les catholiques
du quartier; on leur donnait cinquante
centimes chaque fois, et ces offrandes
mensuelles, qui atteignaient à la fin de l'année plusieurs milliers de francs, étaient
affectées à l'entretien des écoles catholiques.

Les enfants de sa paroisse étant recueillis
dans de bonnes écoles congréganistes et
préservés de toute influence mauvaise, le
dévoué pasteur les suivait encore de son
regard paternel, les visitant souvent, s'intéressant à leurs travaux, les édifiant toujours

et les encourageant à l'étude des mystères
de la religion. Il aimait à répéter que les
catéchismes étaient une œuvre capitale. Il
avait institué ce qu'il appelait des fêtes de
catéchisme. C'étaient de véritables examens
que les enfants subissaient à vêpres, les
dimanches de la Septuagésime et de la
Sexagésime, sous les yeux de leurs mères
attentives et inquiètes. M. le curé s'ef-
forçait de rendre cet exercice aussi attrayant
que possible, et d'inspirer l'amour du catéchisme à tous les assistants. Du reste, on
a remarqué que jamais il n'a dit une chose
pénible à un enfant; il encourageait toujours, même quand on ne savait pas.

Lorsque approchait le jour de la première communion, ce *grand acte*, comme
il se plaisait à dire, M. le curé redoublait
de zèle et d'ardeur au service de ces jeunes
âmes, et il y excitait ses vicaires; les jours
qui précédaient immédiatement cette belle
fête, on aurait dit que la vie de la paroisse

était suspendue, ou plutôt elle se concentrait tout entière dans la préparation immédiate de ces cœurs d'enfants qui allaient recevoir la visite d'un Dieu. Les audiences de la sacristie étaient supprimées, et il ne fallait pas venir lui parler d'autre chose que de ses chers enfants. Il vous renvoyait invariablement en vous disant : « Vous me reparlerez de cela après la première communion. Pour le moment je n'ai que cette grande et unique pensée, et devant elle tout s'efface. »

A la messe de communion, il prenait quelquefois la parole, et bien qu'il ne fût pas orateur, il touchait plus son jeune auditoire que les prédicateurs les plus en renom. Mais le plus souvent il se réservait de leur parler le lendemain sur la persévérance ; dans les dernières années, il les réunissait à la crypte et il commentait volontiers la recommandation de Louis

Veuillot à son neveu Pierre, le jour de la première communion de cet enfant.

« Au beau jour de ta première communion, demande au bon Dieu :

« 1° De l'aimer toute ta vie ;

« 2° De lui obéir toute ta vie, dans l'état où il lui plaira de t'appeler ;

« 3° De lui donner toute ta vie...

« Tu obtiendras cela, si tu fais vœu d'écouter la sainte Eglise, et cela toute ta vie. »

Voici les conseils qu'y ajoutait le bon curé ; nous les donnons textuellement tels que nous les avons trouvés sur une page du *Coutumier* :

Pour persévérer, il faut fuir :

1° Les mauvaises compagnies, sociétés irréligieuses, sociétés immorales.

2° Les curiosités malsaines. On ne doit pas aimer tout voir, tout savoir, tout entendre.

3° Les mauvais livres, romans et feuilletons.

Pour persévérer, il faut :

Pour les garçons, se faire inscrire au cercle paroissial ; pour les filles, donner son nom à la congrégation des Enfants de Marie.

Avoir un confesseur et lui laisser diriger notre vie.

Avoir un petit lien avec le bon Dieu, que l'on ne rompe jamais : à savoir une petite prière à la sainte Vierge, un *Ave Maria,* un *Memorare,* une dizaine de chapelet.

Au sortir des cours de catéchisme, et la première communion faite, la préservation des enfants était garantie, autant que possible, par des œuvres de jeunes filles et de jeunes garçons. M. Viennois avait grand souci des jeunes filles, dont la vertu, si exposée partout en nos temps de licence effrénée, l'était peut-être plus encore dans ce quartier de travail et de misère, où la plupart étaient obligées de passer la journée hors du foyer paternel, loin de la vigilante tendresse d'une mère. Pour elles, il fonda une congrégation des Enfants de Marie, et il eut la consolation d'y voir régner toujours la ferveur et le bon esprit. Quel bonheur pour lui, le premier dimanche du mois, lorsque, à la messe de sept heures, il voyait ces bonnes jeunes filles remplir presque à elles seules sa petite église, y chanter leurs simples et pieux cantiques, et se presser à la table sainte pour y recevoir le Dieu de toute pureté ! A ces moments-là, sa figure rayonnait de je ne sais quelle joie céleste.

Quant aux jeunes garçons, s'il avait pu disposer de ressources suffisantes, il eût voulu créer pour eux de grandes œuvres de préservation, de travail et d'édification mutuelle. Il aimait beaucoup et admirait l'œuvre de ce genre que faisait le père Chevrier tout à côté de sa paroisse, et le seul voyage qu'il se permit, une fois qu'il fut curé de Saint-Joseph, fut celui de Turin, où il alla voir par lui-même les merveilles de l'apostolat de dom Bosco sur la jeunesse.

Quant à lui, ne pouvant faire plus, il essayait du moins d'assurer à ses chers enfants, avec des distractions honnêtes, le bienfait de la conservation de la foi. Pour ceux qui fréquentaient encore le catéchisme, il y avait l'Œuvre du jeudi. Tous ces jeunes garçons, sans distinction d'école, étaient invités à venir s'amuser, l'après-midi, dans la cour du patronage ; deux vicaires prenaient part à leurs jeux, et à la fin une demi-heure était consacrée à chanter des cantiques, à réciter la prière, et à entendre quelques paroles d'édification.

A la suite de la première communion, l'œuvre de la Persévérance recevait les jeunes garçons pour les donner plus tard à l'œuvre du Cercle. On les poussait le plus possible à la communion fréquente, et il était consolant de voir, une fois par mois, ces adolescents s'approcher en grand nombre de la table sainte.

L'œuvre par excellence de ces quartiers populeux et industriels était, on le conçoit bien, la préservation religieuse des jeunes gens et des hommes. Les mœurs publiques subissaient, depuis quelques années, une transformation fâcheuse ; les liens de la famille se relâchaient, et les hommes, après le repas du soir, quittaient leur intérieur pour aller au café se reposer des fatigues de la journée ; ils y trouvaient, avec ce repos, le jeu et les dépenses qu'il occasionne, les propos libres, l'ivresse et les pires entraînements ; l'œuvre parfois si néfaste de l'usine se continuait là, sans avoir le contre-poids salutaire du travail. C'était pour parer à ces funestes conséquences, que de généreux chrétiens fondaient à ce moment des cercles catholiques d'ouvriers. M. Viennois, quelque ardent désir qu'il eût que tous ses paroissiens restassent le plus possible dans la saine atmosphère de la famille, qu'ils y prissent ensemble le repos et les

distractions nécessaires, ne tarda pas cependant à s'apercevoir qu'il fallait tenir
compte des habitudes acquises et des malheureuses nécessités du temps, et, dès les
premiers mois de son ministère à Saint-
Joseph, il décida la création d'une sorte de
cercle, où les jeunes gens de sa paroisse
pourraient trouver, le dimanche et tous les
soirs de la semaine, la facilité de passer
ensemble des heures agréables et honnête-
ment employées. Mais il entendait bien ne
pas s'en tenir à ce pis aller et organiser une
œuvre d'hommes franchement utile et
bonne, destinée à grouper ceux qui voulaient rester fidèles, à raffermir les indécis,
à les intéresser tous à la vie chrétienne du
quartier, et à faire de cette belle réunion
d'hommes et de jeunes gens religieux
comme le bataillon sacré et le rempart de
la foi dans la paroisse. Il acheta donc à côté
du chemin de fer, à l'extrémité sud-ouest
de sa paroisse, un terrain spacieux qu'il

paya de ses deniers, y fit construire une maison avec de grandes salles, laissa le reste en cours et en préaux, et mit des jeux partout. Le Patronage de Saint-Joseph, ce fut ainsi qu'il l'appela, fut placé sous l'influence directe du prêtre, et du prêtre de la paroisse ; un des vicaires de Saint-Joseph en était spécialement chargé ; pour en faire partie, il fallait fréquenter les offices paroissiaux et mener une bonne conduite ; pas d'autres conditions, et celles-ci étaient bien suffisantes pour garder au patronage, avec son renom d'honnêteté, son pur esprit paroissial.

Sous l'impulsion donnée par M. le curé, sous la direction d'hommes dévoués comme M. Ogier et M. Cl. Besson surtout, qui resta si longtemps à la tête du patronage, cette grande et belle œuvre prit un rapide developpement. Adolescents, jeunes gens, hommes mûrs, ses membres se comptaient par centaines ; la joie, la bonne harmonie y régnaient, M. Viennois était heureux du bien qui se faisait par le patronage, la paroisse en était fière. Des fêtes s'y donnaient, qu'il appelait *fêtes de famille,* et où l'affluence était toujours aussi nombreuse que sympathique. M. le curé y assistait pour encourager par sa présence la bonne volonté de ses jeunes gens ; ses larmes coulaient facilement devant les scènes qui rappelaient l'héroïsme des premiers chrétiens, mais l'acteur devenant histrion lui déplaisait outre mesure, jamais on n'aurait rien dit de grossier devant lui, jamais non plus il n'aurait permis que l'uniforme militaire parût sur le théâtre autrement que pour une représentation noble et patriotique.

Une des fêtes de famille les plus touchantes qui se célébraient dans le local du cercle était celle qui revenait chaque année à la Saint-Georges. Le dimanche soir, à l'issue des Vêpres, toutes les Œuvres, représentées par leurs conseils respectifs, se pressaient autour du bien-aimé pasteur, offraient des fleurs, des cadeaux de fête pour l'église, les chants les plus joyeux, et, toujours, c'était au milieu des applaudissements et des cris de joie de la multitude qu'un des vicaires ou le président du patronage exprimait au bon curé les sentiments de tous.

Puis, quand arrivait le soir de la Pentecôte, toute cette jeunesse partait comme une volée d'oiseaux joyeux et jaseurs, et sous la conduite de MM. les vicaires et de quelques mentors à barbe grise, on faisait ensemble une excursion dans les montagnes. On allait à la Grande-Chartreuse, et si le temps était beau on escaladait le Grand-Som, ou bien c'était vers la chartreuse de Portes que l'on dirigeait ses pas, ou encore on poussait jusqu'à Culoz, on grimpait jusqu'aux cimes du grand Colombier pour y assister au lever du soleil, puis on dévalait en courant par les pentes boisées du Valromey, et l'on revenait à Lyon, quelquefois trempé par la pluie, toujours content et dispos.

Le plus heureux était le bon curé qui, resté ce jour-là comme tous les autres jours dans sa sacristie et dans son église, priait pour que sa bien-aimée jeunesse, qu'il avait soustraite pour quelques heures aux plaisirs dangereux, restât toujours pieuse et pure, et qui, le soir, au retour, écoutait en souriant les récits de chacun.

Ce cher patronage ! c'était pour lui l'œuvre vitale, la grande œuvre de la paroisse, et c'est aujourd'hui la plus menacée !... à moins qu'un bienfaiteur généreux et encore inconnu ne la sauve par une insigne charité. Car il faut bien payer l'église !

CHAPITRE VIII

L'ÉGLISE

Quand il y avait à Saint-Joseph des fêtes comme celle de la première communion, l'église provisoire se trouvait beaucoup trop petite pour contenir les flots de la population fidèle qui s'y pressait. Dès la première année, on avait remarqué son insuffisance. D'une part l'idée religieuse se propageait dans la paroisse, où le zèle du dévoué pasteur allait réveiller les cœurs endormis et attirait à l'église des foules jusque-là indifférentes : ce réveil de la foi était pour M. Viennois la plus douce et la plus précieuse récompense. D'autre part, le chiffre de la population augmentait chaque jour. A la fondation de la paroisse, il ne s'élevait guère qu'à douze mille âmes ; mais peu à peu les terrains vagues de ce vaste quartier se couvraient de belles constructions ou d'usines qui se peuplaient comme par enchantement ; en quelques années on avait dépassé vingt mille habitants.

Que de fois M. Viennois regretta de n'avoir pas donné à sa modeste église le double ou le triple des proportions qu'elle avait ! Le dimanche, avec la série des messes et des offices, elle ne désemplissait pas, et dans cette foule priante, sous ces murs légers et cette mince voûte que le soleil dardait de ses feux toute la journée, la chaleur était accablante. On y venait cependant, et M. le curé, du haut de la chaire, en commentant le chapelet, ranimait le zèle de chacun.

Pourtant il fallut bien aviser à construire une église définitive et en rapport avec l'importance croissante de la paroisse. Vers la fin de l'année 1882, une occasion s'offrit d'acquérir à un prix modéré un vaste terrain de 2.600 mètres, situé dans le quartier le plus paisible, sur la lisière du parc de la Tête-d'Or. M. le curé l'acheta. C'était s'éloigner du centre de la paroisse, pour s'établir à son extrémité septentrionale, dans une partie de la ville où les rues étaient encore inhabitées ; plus d'un paroissien de Saint-Joseph gémit de voir reculer ainsi l'église. Mais l'événement semble prouver de plus en plus que le choix de ce terrain fut providentiel ; un jour viendra peut-être bientôt, où cette grande paroisse, qui compte à l'heure actuelle près de trente mille âmes sans avoir atteint son plein développement, devra se fractionner encore et donner naissance à une nouvelle famille religieuse, dans le voisinage de Saint-Pothin et du Saint-Sacrement.

Une bonne partie de la fortune de M. Viennois avait été employée à la création des différentes œuvres de la paroisse et au soulagement de toutes les misères qui l'entouraient ; ce qui en restait passa dans l'acquisition du terrain de la future église, et pour faire face aux dépenses que les constructions allaient nécessiter, il dut recourir à la charité des âmes pieuses, et multiplier les appels publics et privés en faveur de sa chère église de Saint-Joseph.

« La construction de cette église, disait-il dans une lettre circulaire du mois de mars 1884, exige des ressources que nous sommes loin de posséder.

« Nos paroissiens, il est vrai, se sont déjà imposé des sacrifices, ils sauront s'en imposer encore ; mais il n'est pas possible de compter uniquement sur une population en grande partie ouvrière.

« Nous espérons que bon nombre de familles voudront bien nous venir en aide ; elles aimeront à être représentées dans un sanctuaire dédié au Patron de l'Eglise universelle et au Protecteur des familles chrétiennes.

« Daigne la très sainte Vierge Marie, Notre-Dame des Sept-Douleurs, seconde Patronne de la paroisse Saint-Joseph, favoriser un dessein entrepris pour la gloire de son divin Fils et le salut des âmes ! »

Ce premier appel était approuvé et béni par Son Em. le Cardinal-Archevêque de Lyon, Mgr Caverot. Du reste M. Viennois ne se passait en rien de ce qu'il faisait de cette consécration de l'autorité ecclésiastique et de la vertu céleste qui y est attachée. Jeune curé, il avait sollicité et obtenu le 8 août 1873, pour lui et pour ses paroissiens, la bénédiction du Pape Pie IX de douce mémoire. *Benedicat te Deus et parochianos tuos, ut sint tecum in semitis justitiæ et pietatis.* Que Dieu, disait le saint Pontife, bénisse le pasteur et le troupeau, afin qu'ils marchent de concert dans les voies de la justice et de la piété.

Dix ans plus tard, entreprenant la construction d'une grande église paroissiale, ce prêtre pieux a une idée d'une simplicité touchante et sublime : il fait acheter à Rome, par son frère dans le sacerdoce et l'affection familiale, Mgr Desflèches, un marbre avec une statue de bronze représentant la chaire de saint Pierre; il obtient du Souverain Pontife Léon XIII une bénédiction toute spéciale pour cette statue, avec cinquante jours d'indulgence pour les fidèles qui prieront devant elle; et quand il l'a reçue à Lyon, il la fait encastrer dans une autre pierre de marbre plus grande, l'expose ainsi à la vénération publique, dans la chapelle provisoire, et la destine enfin au plus noble des usages : ce marbre bénit par le Saint-Père, image vénérée du prince des Apôtres enseignant le monde, devait être la première pierre de l'église Saint-Joseph.

Il avait obtenu également du Saint-Siège une bénédiction spéciale pour tous ceux qui, par leurs aumônes, contribueraient à la chère construction. Il y en eut certes beaucoup, et de tout rang, depuis le riche commerçant qui voulait, par ses pieuses largesses, attirer sur sa famille la protection de saint Joseph, jusqu'à l'humble ouvrière qui apportait avec bonheur à cette grande œuvre le pauvre tribut de ses épargnes journalières, depuis les anciens amis de Saint-Nizier jusqu'à ce missionnaire inconnu de l'Australie qui, un jour, envoyait la somme de cinquante francs, heureux qu'il était de contribuer à élever là-bas, sur un point de la terre de France, une église dédiée à saint Joseph. Nous taisons les noms de ces bienfaiteurs généreux sur ces pages consacrées à la seule mémoire du prêtre qu'ils vénéraient comme un saint. Mais il est au ciel, sur ce livre mystérieux qu'on appelle le livre de vie, une page qui les concerne et qui leur réserve une bien douce compensation.

Et nous aimons à croire aussi qu'au séjour de la gloire, M. Viennois leur garde la reconnaissance dont il leur a donné de si brûlants témoignages. Comme il sentait vivement le prix d'un bienfait ! Que de fois il a eu sur les lèvres, pendant ses prières publiques, le nom de ses bienfaiteurs ! « N'oublions pas nos bienfaiteurs ! » Il n'avait garde de les oublier, mais il avait à tel point le sentiment de la reconnaissance, celui qui distingue et honore le plus les grands cœurs, qu'il se reprochait son impuissance à s'acquitter convenablement. Quand on lui venait en aide pour son église : « Faites bien tout cela pour Dieu, disait-il, car moi, je ne suis rien, rien qu'un ingrat, qui ne pourrai jamais vous récompenser de ce que vous faites. »

A vrai dire, le projet de M. Viennois semblait hors de proportion avec les ressources qu'il pouvait raisonnablement espérer. L'architecte que les hommes les plus compétents lui avaient conseillé de choisir, M. G. André, lui avait fait le plan d'une église belle, grandiose, s'étendant sur 1.900 m. carrés de superficie, comportant des matériaux superbes, et qui devait compter comme un monument de plus dans la ville de Lyon. « Prenez garde, disait-on à M. le curé, sachez bien où cette œuvre peut vous conduire, et quels sacrifices vous seront imposés. » Il étudiait les devis et constatait que, même sans les imprévus, ils exigeraient des sommes énormes ; mais il voulait une belle église pour saint Joseph et pour ses paroissiens, il fermait les yeux sur son dénuement, et s'abandonnait à la Providence avec ce doux aveuglement des serviteurs de Dieu, qui ont une absolue confiance en leur maître.

La Providence ! il semblait vraiment la tenter, mais la charité était son excuse ; il donnait toujours, il donnait tout, comptant bien que Dieu lui viendrait en aide et lui permettrait d'achever les œuvres entreprises pour sa gloire. Un jour, quelqu'un lui disait qu'il fallait écrire à une personne riche pour tâcher de l'intéresser aux œuvres de Saint-Joseph. « Oh ! vous pouvez lui affirmer, répondit M. Viennois, que j'ai tout donné à saint Joseph, oui, tout ce que j'avais, ma bourse, mon cœur, et même ma vie. » Il ne disait que trop vrai, et vers les dernières années, sa pénurie était extrême. Mais sa foi en la Providence n'en était point ébranlée. « Tous les jours, disait-il, j'ai des preuves palpables de sa bonté. Dieu veut que je ne compte que sur lui, et j'y compte absolument pour mon église. »

Malgré les angoisses du règlement final

et les centaines de mille francs qui restent
à payer, on ne peut dire que cette confiance
du bon curé ait été trompée ; il a acquitté
la plus grosse part, et la charité des fidèles
ne laissera point planer de dette sur sa mémoire vénérée.

Du reste il était urgent de commencer et
d'activer les travaux ; l'église provisoire
était de plus en plus insuffisante. On le vit
bien lors de la mission prêchée au mois de
mars 1885, par le P. Tissot, supérieur des
missionnaires de Saint-François de Sales,
assisté de trois de ses religieux. Le zélé
pasteur avait fait entendre un généreux
appel. « Qui a besoin de la mission ?
s'écriait-il. Tous ! tous nos paroissiens, ceux
que nous appelons depuis le commencement de la paroisse. Il faut la recevoir
comme une grâce de Dieu et s'y préparer.
Point de respect humain ! Chacun pour soi,
tout en priant pour les autres ! »

Ses pressantes sollicitations avaient été

entendues, et les hommes eux-mêmes se pressaient en si grand nombre aux conférences que donnaient presque chaque soir les éloquents missionnaires, que l'église était trop petite pour tous les recevoir. Du moins ces jours-là, avec la joie de voir les âmes revenir à Dieu, on eut la consolation de bénir l'emplacement de la future église. Ce fut le 19 mars, fête de la paroisse, qu'eut lieu cette cérémonie, le concours de peuple dans l'enceinte réservée fut imposant, l'orateur, le P. Tissot, ne fut jamais mieux inspiré, il y eut en ce jour comme une prise de possession, pour la paroisse, de ce terrain qui allait lui devenir si cher. Quelques jours après commencèrent les travaux de terrassement.

Toutefois, ce ne fut qu'une année après, le 23 mai 1886, qu'eut lieu la bénédiction de la première pierre, par Mgr Jourdan de la Passardière, évêque de Rosea, auxiliaire du cardinal archevêque de Lyon. L'éloquent prélat, qui a laissé de si pieux souvenirs dans toute la région lyonnaise, prononça au milieu du chantier un discours de circonstance qui fit une vive impression sur ses milliers d'auditeurs. Dans l'intérieur de cette première pierre, M. le curé fit déposer :

1° La statue de la chaire de saint Pierre dont nous avons parlé et qui avait été bénite, à cet effet, par Sa Sainteté Léon XIII.

2° Une médaille de bronze représentant saint Joseph et portant au revers cette inscription : *Tu eris super domum meam :* Tu seras le chef et le protecteur de ma maison.

3° Une médaille, également en bronze, de S. S. Léon XIII, avec ces paroles que le centurion Corneille avait adressées à l'apôtre saint Pierre : *Nunc ergo omnes nos in conspectu tuo adsumus, audire omnia quæcumque tibi præcepta sunt a Domino.* Nous voici tous en votre présence, pour écouter ce que le Seigneur vous a ordonné de nous faire connaître.

4° Trois cœurs renfermant les noms des bienfaiteurs de la paroisse et de l'église.

5° Enfin une inscription rédigée par M. Viennois en style lapidaire, et rappelant que cette œuvre avait été commencée avec l'épargne du pauvre et la libéralité du riche, et formulant le vœu que la nouvelle église amenât un accroissement de piété de jour en jour plus sensible, et que la protection de saint Joseph s'étendît sur tous les habitants de la paroisse, pour sauvegarder leurs intérêts et assurer leur éternité.

Comme tous ces détails respirent, en même temps que la piété, l'amour profond et filial de l'Eglise et le dévouement absolu au Saint-Siège! Ajoutons que le bon curé, toujours avide de faveurs spirituelles, n'avait pas manqué de solliciter la bénédiction apostolique pour tous ceux qui assisteraient à cette imposante cérémonie, et que

Léon XIII l'avait très gracieusement accordée.

A la suite de cette fête, les travaux reprirent avec une activité nouvelle ; mais malgré les ressources qui affluaient alors, ils avançaient très lentement. Les ouvriers n'avaient pas tardé à trouver cette nappe d'eau produite par les infiltrations du Rhône et qui se répand à travers le sable dans toute la plaine des Brotteaux. Il fallait dans ce terrain meuble, et au milieu de ces eaux qui arrivaient par torrents dans les tranchées, jeter des fondations profondes et d'un développement considérable. Une pompe à vapeur était installée en permanence dans le chantier, et l'on entendait nuit et jour ses longs gémissements. La crypte surtout demanda du travail et du temps, car M. Viennois avait voulu absolument une crypte pour son église. Cette chapelle souterraine était destinée dans sa pensée aux catéchismes et aux réunions pieuses, et il avait projeté également d'y rassembler, comme dans un sanctuaire plus intime et plus aimé, des souvenirs qui lui étaient personnels et des dévotions chères à son cœur de prêtre. Elle devait renfermer plusieurs autels, celui du milieu voué par une famille généreuse à Jésus enfant, avec cette parole si douce et si puissante : Laissez les petits venir à moi : *Sinite parvulos venire ad me;* un autre, à droite, dédié à saint Louis de Gonzague, en mémoire de son cher Noël, formé à l'école de ce Saint et mort comme lui à la fleur de l'âge ; et enfin un troisième à gauche, sous le vocable de sainte Blandine, en souvenir d'une jeune enfant, Mlle T., qu'il avait dirigée depuis sa première communion, qu'il avait assistée au lit de mort et dont la grâce de Dieu avait fait durant les courtes années de son pèlerinage une créature angélique. Restait une partie de la crypte appelée *martyrium* et entièrement consacrée à saint Joseph. Tout a été disposé selon les conceptions et les désirs de son cœur, et cette chapelle souterraine est tout un petit monument très pieux et très recueilli.

Les fondations avaient été faites pour l'église entière; mais la prudence conseilla de circonscrire le travail proportionnellement aux ressources, et de n'entreprendre d'abord que la grande nef et les bas côtés, c'est-à-dire la partie la plus profitable et la moins coûteuse de cette importante construction, en réservant pour plus tard le transept et le chœur. L'édifice s'élevait peu à peu, et, malgré les réductions imposées provisoirement par la sagesse, on pouvait juger déjà de la beauté qu'il aurait plus tard.

Cependant les travaux subissaient des retards hors de toute prévision; le bail pour la location du terrain qu'occupait la chapelle provisoire, dans la rue Ney, touchait à sa fin, et le propriétaire ne voulait pas le renouveler. L'église nouvelle n'était pas encore couverte, et l'on allait se trouver sans asile. Un moment, M. Viennois espéra que l'on pourrait se réfugier dans la crypte, qui venait d'être achevée; mais les ciments n'étaient point secs et la municipalité refusait d'autoriser ce transfert. Acculé à la plus fâcheuse nécessité, M. le curé fit de nouvelles et pressantes instances auprès du propriétaire de la rue Ney; tout fut inutile; cet homme voulait son terrain au 1ᵉʳ mars 1877, et rien ne pouvait le fléchir.

Depuis longtemps, M. Viennois confiait sa peine et ses angoisses à saint Joseph; il priait et faisait prier toutes les âmes pieuses qui dépendaient de lui. Dieu se plaît ainsi quelquefois à nous faire attendre l'effet de nos prières, pour mettre notre confiance à l'épreuve et nous obliger à plus de ferveur.

Un jour, M. le curé monte à Fourvière, le cœur bien gros; il y venait souvent, il y avait sa place, pour ainsi dire, dans un coin du sanctuaire, près de l'autel, où il avait accoutumé de se mettre. Mais, ce jour-là, sa prière fut plus fervente et sa plainte plus désolée que jamais, il versa bien des larmes et laissa éclater l'émotion qui étreignait son cœur. Après avoir longtemps prié, longtemps supplié la bonne Mère de l'exaucer, il se leva, l'âme dans la paix, et eut l'inspiration de retourner immédiatement chez l'homme qu'il avait déjà fatigué de tant de démarches vaines. O bonheur ! Au premier mot, cet homme dit oui, il est changé, complètement changé, et, M. Viennois, dans le transport de la joie et de la reconnaissance, court remercier la sainte Vierge d'une si manifeste intervention en sa faveur. « Le vénéré pasteur avait les larmes aux yeux en nous contant cette histoire, nous dit le pieux directeur de l'*Echo de Fourvière*, M. Blanchon, et il nous répétait en toute humilité qu'il n'était pour rien dans ce succès : Dieu, disait-il, a tout fait, par l'intercession de Marie. *A Domino factum est istud.* »

C'est la même pensée que M. Viennois exprimait quelques jours après, dans une lettre circulaire du 1er novembre 1887.

« On aime à nous dire que cette œuvre est un trait de la divine Providence ; nous l'avons toujours pensé, et nous ne répéterons jamais assez que notre paroisse, notre église sont son ouvrage.

« Aussi, en venant de nouveau solliciter la charité de nos bienfaiteurs, nous sommes heureux de leur rappeler que c'est à Notre-Seigneur qu'ils ont prêté leur concours, et que c'est lui qui le réclame encore, pour achever une œuvre qui est toute sienne.

« Depuis le jour de la bénédiction du terrain, 19 mars 1885, chaque année nous avons pu, grâce à Dieu, faire face à nos échéances ; mais aujourd'hui il ne nous reste plus rien, et pourtant il nous faut payer les travaux considérables qui viennent d'être exécutés.

« Nous nous présentons comme toujours avec l'approbation de nos supérieurs, muni de la bénédiction de notre nouvel archevêque : il se nomme Joseph, c'est un nom de bon augure pour tous.

« Nous avons l'intime conviction que la charité avec laquelle vous répondrez à cet appel, recevra sa récompense ; nous savons par une expérience déjà longue, que Notre-Seigneur bénit les cœurs dévoués aux intérêts de saint Joseph et de Notre-Dame des Sept-Douleurs, notre seconde patronne. Il y a peu de mois encore, nous recueillions de la bouche d'une mourante, notre bienfaitrice, cette parole si consolante : *Saint Joseph me rend la mort bien douce.* »

Cette lettre était, en effet, accompagnée d'un mot gracieux de Mgr Foulon, bénissant les œuvres de M. Viennois et approuvant cet appel à la charité. Le dimanche,

M. le curé monte en chaire, cette approbation à la main, il la lit, il la commente avec
la bonté de son cœur, il raconte l'affectueux
accueil qui lui est fait, chaque fois qu'il va
entretenir le premier pasteur du diocèse
des travaux et des besoins de son église ;
il s'écrie enfin : « Ne vous semble-t-il pas,
mes bien-aimés frères, que Mgr l'archevêque
est le parrain de notre église Saint-Joseph
dont il porte le nom ? Il en a l'affection et la
sollicitude paternelle ; qu'il en ait également
le titre ! »

Le propos fut rapporté à Sa Grandeur et
il lui plut souverainement. Deux jours
après, M. Viennois recevait de l'archevêché
une somme importante, à laquelle l'aimable
lettre qui l'accompagnait ajoutait un charme
infini :

« Mon cher Curé,

« On me dit que vous m'avez nommé
parrain de l'église Saint-Joseph. Je suis

fort sensible à votre pensée, et je viens vous prier d'accepter des dragées pour ma filleule. Si la boîte n'est pas plus grande, prenez-vous-en aux œuvres si nombreuses auxquelles je suis obligé de faire leur part. Je fais les meilleurs vœux pour le succès de la vôtre.

« Croyez-moi bien affectueusement à vous.

« † JOSEPH, arch. de Lyon. »

Les travaux continuèrent pendant une année encore, M. Viennois avait hâte de sortir de ces préoccupations matérielles qui n'étaient pas sans détourner quelque peu son attention du ministère des âmes ; les embarras pécuniaires devenaient plus urgents et plus absorbants pour lui, à mesure que la construction avançait. Aussi est-ce avec une véritable allégresse qu'il salua la fin de ces travaux et l'inauguration de cette chère et grande église.

« J'ai l'honneur de vous annoncer, écri-vait-il le 15 octobre 1888, jour de la fête de sainte Thérèse, que dimanche 28 octobre, en la fête des saints apôtres Simon et Jude, et sous le Patronage de la bienheureuse Vierge Marie, Mgr l'archevêque inaugurera notre église Saint-Joseph, et je viens vous inviter à cette solennité. C'est pour nous l'occasion d'offrir de nouveau à nos bien-faiteurs l'expression de notre reconnais-sance ; car, nous ne l'oublierons pas, après Dieu, nous leur devons de doter notre paroisse de son église définitive.

« Cette translation est toujours un grand événement dans les paroisses ; pour notre part, nous en espérons les meilleurs résul-tats. Les œuvres créées sur le sol béni de saint Joseph vont, nous le sentons, se dé-velopper à l'aise, et la sève chrétienne, déjà bien abondante au sein de notre population ouvrière, puisera à cette source une vigueur nouvelle.

« Nous faisons donc un dernier appel aux âmes qui aiment saint Joseph, en faveur d'une œuvre qui a suscité déjà de nobles et bien délicates sympathies, car, désormais tout entier à la sanctification de nos chères ouailles, nous nous préoccuperons moins de ces questions, lesquelles ont sans doute une grande importance, mais ne doivent pas absorber plus longtemps notre vie sacerdotale.

« Pour atteindre ce but, il nous faut évidemment une situation qui soit à peu près exempte de l'inquiétude que donnent les graves responsabilités. Or, notre église Saint-Joseph, commencée dans le mois de mai 1875, s'achève en ce moment (pour la partie du moins que nous avons entreprise), nous laissant des charges considérables. Les travaux exécutés durant les trois premières années ont cependant été entièrement payés ; mais les dépenses faites pendant la dernière période pèseront lourdement sur notre pauvre budget. Nous faisons cet aveu avec simplicité, et aussi avec l'intime conviction que saint Joseph, qui a commencé cette œuvre, ne l'abandonnera pas.

« C'est pourquoi nous osons frapper encore une fois à la porte des cœurs généreux et chrétiens. Les difficultés de l'heure présente sont loin de les décourager; car plus les temps sont mauvais, plus l'avenir paraît sombre, plus nous aimons à redire notre devise, qui est particulièrement de nos jours celle de l'Eglise romaine : *Ite ad Joseph.* »

Ce langage, qui respire la foi et l'honnêteté, mérite toujours d'être entendu. Puisse-t-il trouver longtemps encore de l'écho dans les âmes généreuses ! Cette lettre était accompagnée, comme les autres, de l'approbation de Mgr Foulon. « Ce sera pour moi, disait le vénérable prélat, une véritable joie que de bénir et inaugurer votre église le 28 octobre prochain. La dernière visite que j'y ai faite m'a laissé la meilleure impression ; je crois vous l'avoir dit. Dans l'état actuel, c'est déjà fort remarquable ; quand l'œuvre sera entièrement achevée, nous aurons à Lyon un monument de plus. »

En fait, elle parut bien belle cette église, le jour de la cérémonie, avec ses superbes colonnes géminées, avec sa voûte d'une portée si hardie, avec ses grandioses et harmonieuses proportions ; le transept restait à faire, et une construction légère et toute provisoire remplaçait le chœur qui sera un jour la partie la plus remarquable du monument. Mais la plus grande beauté de cette église, comme le faisait remarquer M. l'abbé Nitellon, dans le discours qu'il prononça à vêpres, c'était cette foule pieuse qui en remplissait jusqu'aux moindres recoins, et ces milliers d'âmes avec lesquelles le vénéré et bien-aimé pasteur s'était mis

depuis seize ans en si intime communi-
cation, église vivante et mille fois plus
chère, qu'il pouvait offrir à Dieu ce jour-là
comme son plus bel ouvrage.

Ce magnifique temple qu'il avait fait
construire n'avait pas détourné son attention de ce qui était pour lui le premier de
ses devoirs, la sanctification de son peuple;
mais il allait y travailler maintenant avec
une plus entière liberté d'esprit. Son premier soin fut de faire donner une mission
dans cette vaste église où il pouvait désormais grouper des masses plus grandes de
fidèles. Au mois de mars 1889, il adressait
aux pères de famille de Saint-Joseph la
lettre suivante :

« J'ai le bonheur d'offrir encore cette
année à ma paroisse les saints exercices de
la mission, et je compte sur les chefs de
famille pour transmettre cette invitation à
tous les leurs.

« Au lendemain de notre entrée dans la

nouvelle église, j'estime que c'est une grande faveur que vous saurez apprécier.

« Vous viendrez avec empressement, j'en ai la douce confiance, écouter les éloquentes prédications des RR. PP. Rédemptoristes qui vont vous évangéliser.

« Nous trouverons tous, j'en suis certain, dans ces saints exercices, la puissante impulsion vers le bien, en même temps qu'une occasion précieuse d'affermir parmi nous l'esprit paroissial si désirable pour la sanctification et le salut.

« C'est le vœu le plus cher et l'objet des plus ferventes prières de votre tout dévoué en Notre-Seigneur. » L'abbé Viennois, prêtre, curé de Saint-Joseph.

Comme celle de 1885, la mission de 1889 donna les plus consolants résultats, et M. le curé eut la joie de constater tous les jours que l'église nouvelle n'était pas trop grande pour la foule des chrétiens qui s'y pressaient.

Un dernier mot pour achever l'histoire de cette église. Les écoles de Saint-Joseph étaient de plus en plus florissantes, mais les ressources manquaient pour les entretenir, les loyers devenant plus coûteux à mesure que grossissait le nombre des élèves ; on eut l'idée alors d'utiliser le terrain qui de deux côtés longe l'église, entre l'emplacement du transept et la façade, et d'y construire des salles d'école. M. Viennois y a donc élevé à peu de frais des bâtisses légères qui s'appuient contre les murs de l'édifice. Ça été la dernière œuvre de sa vie. Cette grande et chère église, qui lui a tant coûté, se dresse dans sa blanche parure de pierres, protégeant l'humble école où les enfants du pauvre viennent recevoir la vie de l'intelligence et du cœur, et elle nous apparaît comme la plus fidèle image de la vie sacerdotale de M. Viennois. Ce prêtre tout à Dieu fut, comme son divin Maître, l'ami des petits et des faibles.

CHAPITRE IX

LE CURÉ

Si la physionomie morale de l'abbé Viennois se reflète suffisamment dans les œuvres fondées par lui, il est bon cependant, pour qui veut la mieux connaître, de l'étudier dans sa vie intime et personnelle. Un mot résume cette vie, et c'est celui dont il s'était servi lui-même à l'adresse de M. Derozier : *Tu es sacerdos*. Lui aussi était un prêtre dans toute l'acception du terme, toujours et uniquement prêtre. Cette forte et vivace nature, cette personnalité que nous avons vue d'abord si exubérante, semble s'être effacée devant la discipline sacerdotale, et à quelque moment qu'on surprît l'abbé Viennois, on le sentait dominé toujours par la grâce et la vertu de sa vocation. S'il était naturellement vif et emporté, nous le savons ; or, il était parvenu à se maîtriser à un tel point, que c'est à peine si ceux qui ont vécu dans son intimité pendant les quinze dernières années ont remarqué que la patience lui ait échappé quelquefois ; et quand cela lui arrivait, quand il s'apercevait de quelque brusquerie dans sa parole ou dans ses procédés, c'était l'occasion d'un acte de vertu, car immédiatement il se confondait en excuses.

Autant il était soucieux de l'honneur dû à la charge dont il était investi, autant il restait indifférent à tout ce qui était avantages purement personnels. On lui parlait un jour d'une distinction honorifique à obtenir pour un de ses amis. **M.** Viennois, qui aimait profondément l'âme de celui dont il était question, accueillit l'idée comme un enfantillage. « Je vous avoue, disait-il, que je ne fais aucun cas de ces choses-là. » Sa figure s'illuminant d'une sainte fierté, il ajoutait : « Pour moi, je mets mon honneur et mon bonheur à n'être rien, rien qu'un simple prêtre. »

Mais au moins fallait-il être un saint prêtre, et un de ses plus grands soucis était la correction de ses défauts. « Ce qui nous manque à nous prêtres, disait-il un jour en toute naïveté, c'est d'être repris quelquefois ; nous sommes bien chargés de reprendre nos frères, mais personne ne le fait pour nous. Aussi vous m'avertiriez charitablement toutes les fois que vous le croiriez utile, et je vous assure que je vous en serai bien reconnaissant. »

Dur à lui-même, il méprisait la souffrance ; le froid, le chaud, la fatigue lui semblaient indifférents, et si parfois il appréhendait un peu la maladie, c'était parce qu'elle allait le mettre dans l'impuissance de remplir son ministère. Il avait dans un coin de son secrétaire une petite discipline à chaînettes de fer, et il est à croire qu'il en faisait usage quelquefois.

Il s'était approprié dans toute sa rigueur un trait du programme que se traçait son maître et son vénéré père spirituel, Mgr Baudry, la veille de son épiscopat : *Je dois être pauvre.* Pauvre ! il le fut d'abord en esprit, en attendant que sa charité le condamnât à l'être en réalité. Le petit presbytère de la rue Suchet, avec sa cour enfoncée, dominée de tous côtés par les hautes maisons d'alentour, et où vaguaient en liberté deux ou trois poules et quelques lapins destinés à varier le menu pour les grandes fêtes, était vraiment la maison de la simplicité et de la pauvreté ecclésiastique. Dans la chambre

de M. le Curé, quelques meubles ordinaires, quelques livres. Au salon, un ameu-
blement sévère, des gravures religieuses
aux murs, et, enfin, une grande et haute
vitrine où M. Viennois avait renfermé toutes
les reliques du curé d'Ars qu'il avait pu se
procurer, en particulier, la misérable chaise
en bois qu'on appelle son fauteuil. La salle
à manger était petite. Le dimanche, M. le
Curé invitait toujours à sa table un ou deux
de ses chantres, ou encore quelque bon et
brave militaire, connu ou inconnu, qu'il
avait rencontré dans son église. Au commencement de chaque repas, on lisait quelques versets du saint Evangile, pour nour-
rir l'âme tout d'abord de la parole divine
qui est son aliment ; il était rare d'ailleurs
que M. le Curé ne trouvât pas dans la conversation l'occasion de glisser encore quelques réflexions édifiantes ; jamais, devant
lui, il ne fut parlé du prochain. Le repas,
malgré les causeries auxquelles il se mêlait

volontiers, ne durait pas longtemps et se terminait par la lecture d'un passage de l'*Imitation de Jésus-Christ.*

« Les prêtres de Saint-Joseph, dit l'avant-propos du Coutumier rédigé par M. Viennois, mèneront la vie la plus conforme aux règles et aux traditions ecclésiastiques. A l'intérieur du presbytère, régneront toujours entre eux l'esprit de famille, le respect mutuel, une douce cordialité. Ils feront la prière du soir en commun avec les domestiques. »

Ce n'était pas là qu'un simple idéal, la vie que l'on menait à la cure de Saint-Joseph était vraiment conforme à ce règlement. Mais la grande pensée qui dominait tout, c'était le souci de la paroisse. « Donnons, ajoutait-il dans ses recommandations à ses vicaires, un dévouement complet aux paroissiens au milieu desquels Notre-Seigneur nous fait la grâce de vivre. Ayons une grande exactitude à remplir toutes les fonctions du saint ministère ; faisons bon accueil à tous ceux qui se présentent pour nous parler, pauvres ou riches. Il importe d'établir parmi les paroissiens, dans leurs rapports avec le clergé, cet esprit de famille qui a été celui de la paroisse Saint-Joseph dès l'origine. »

Pour remplir un tel programme, il faut de l'abnégation et le sacrifice de soi-même aux autres ; le bon curé en donnait l'exemple. Levé, comme nous l'avons dit, de très bon matin, il passait dans la prière les premières heures de la journée, puis il partait, sa petite lanterne à la main, pendant l'hiver, et arrivait à sa chère église sitôt qu'elle était ouverte. Et alors, commençait cette journée passée à la sacristie à recevoir les confidences douloureuses des uns et des autres. Il ne retournait pas à la cure avant midi ; on lui apportait son petit déjeuner à la sacristie, et toujours pour *économiser* le temps, devant la personne qu'il se trouvait d’avoir en audience à ce moment-là, il mangeait ou plutôt buvait à la hâte sa soupe et reprenait l’entretien commencé. Toute la matinée, il appartenait ainsi à qui voulait lui confier un secret, une peine, ou lui demander un conseil. Il avait fait de la maison de Dieu sa maison, et de tous les malheureux, de tous les souffrants, sa famille.

Quant à son autre famille, celle du sang et de la chair, les coups de la mort l’avaient bien réduite, dans les dernières années de sa vie, et son cœur de fils et de frère avait souvent et douloureusement saigné. Tout d’abord c’est une sœur tendrement aimée qu'il perd au mois d’août 1875. Nous lisons dans une lettre écrite quelques jours après, pour s’excuser d’un retard : « La mort de ma pauvre petite sœur m’a vraiment bouleversé, au point que, pendant quelques jours, je ne savais plus où j’en étais. Tout a été brisé, interrompu dans ma vie à ce moment.... »

Et toutefois, cinq mois plus tard, il devait connaître une plus vive et plus profonde douleur. Ceux qui vivaient dans l'intimité de M. le curé voyaient souvent venir le matin, à la sacristie, un grand et beau vieillard qu'il pressait daus ses bras avec tendresse; c'était son père. Sous sa couronne de cheveux blancs, et malgré les atteintes de l'âge, M. Viennois père avait conservé un cœur chaud et généreux et un profond amour de la famille; il ne se trouvait jamais plus heureux qu'au milieu de ses enfants, et il y était comme un patriarche entouré de l'amour et de la vénération de tous.

Au mois de janvier 1876, il tomba gravement malade. M. le curé de Saint-Joseph, qui veillait sur cette existence si chère, avertit courageusement son père; celui-ci accepta immédiatement de remplir ses devoirs religieux. Ce fut l'abbé Rambaud, directeur de la cité de l'Enfant-Jésus, qui le prépara, et, le jour arrivé, le bon vieillard, entouré de ses enfants, reçut la sainte communion des mains de son fils, et donna à sa famille sa dernière bénédiction. Il s'éteignit doucement deux jours après, le 22 janvier 1876.

Atteint par ce deuil aux sources mêmes de sa vie, séparé d'un père dont il avait reçu si longtemps les conseils et la bienfaisante affection, l'abbé Viennois souffrit amèrement, et il lui fallut à lui, comme à ceux qu'il consolait dans son ministère de prêtre, toute sa foi et toute la force de ses espérances chrétiennes, pour défendre son cœur contre les défaillances de la nature.

« Je vous remercie d'avoir pensé au 22, écrivait-il quelques mois après. C'est une date bien triste, je puis vous dire que j'en approche avec un sentiment bien douloureux ! Il me faut toute la pensée de la volonté de Dieu, toujours sainte, toujours adorable, pour me résigner à ce coup, comme aussi la pensée du bonheur que Notre-Seigneur donne à cette âme si chère, bonheur qui ne lui fait en aucune façon regretter la terre. »

Quelques années plus tard, le 10 janvier 1885, il dut fermer les yeux à son frère Félix. Avec une grande différence de caractère, les deux frères semblaient avoir une égale piété, un égal amour de Dieu; ils s'aimaient tendrement, et il ne se passait pas de semaine où Félix ne vînt plusieurs fois à Saint-Joseph. Ce nouveau deuil atteignit l'abbé Viennois aux fibres les plus intimes de son cœur.

Enfin il y en eut un autre, auquel il ne fut guère moins sensible. Mgr Desflèches, nous l'avons vu, était entré bien avant dans sa famille, dont il avait partagé toutes les joies et toutes les douleurs. Il aimait à donner à M. Viennois le nom de frère et il ne signait jamais les lettres qu'il lui adressait sans ce doux nom, *uti frater*. Depuis

le mois d'août 1878, l'évêque du Su-tchuen
était en Europe, à Rome surtout, où il
s'occupait des affaires de sa mission, et où
le pape Léon XIII témoignait au vénérable
apôtre de la Chine une particulière confiance. Le vieux missionnaire s'indignait des
persécutions que la lâcheté de nos mandarins
d'Europe infligeait à l'Eglise en pays catholiques ; mais il avait confiance quand même en
l'avenir. « Pour moi, écrivait-il à M. Viennois, j'espère toujours en la résurrection.
Qu'on nous culbute, qu'on nous foule aux
pieds, qu'on nous massacre, nous ressusci-
terons. Toutefois cela ne doit pas nous
empêcher de pleurer sur tant de ruines
amoncelées, tant de pauvres enfants arra-
chés à l'enseignement de l'Eglise, tant de
mourants dont on éloigne le prêtre, tant
d'âmes enfin auxquelles on s'efforce de
fermer les portes du ciel. Que le bon Dieu
écoute les prières de son Eglise et rende à
cette mère désolée tous ses enfants. »

Bientôt il fut malade des infirmités contractées dans sa vie de missionnaire, il alla chercher quelque soulagement dans le Midi, à Hyères d'abord, puis à Montbeton, et c'est là que le vaillant apôtre s'éteignit dans la paix du Seigneur.

M. Viennois pleura sur lui, comme David sur son frère Jonathas. *Doleo super te frater mi Jonathas.* Il devait bientôt le rejoindre dans la région de l'éternelle récompense.

Toutes ces douleurs qui lui étaient personnelles ne faisaient qu'augmenter en M. Viennois la bonté de son cœur et la profonde et pieuse sympathie qu'il donnait aux peines d'autrui. Son ministère le mettait à chaque instant en face de quelque cœur souffrant qui attendait de lui force et consolation.

« Par nature et par devoir, dit-il quelque part, j'ai le culte de ceux qui souffrent. »

Que de chagrins il a soulagés dans le cours de sa vie sacerdotale, que d'angoisses

apaisées, que de douloureux secrets reçus
et gardés! Parfois la pensée de tant de
souffrances physiques et morales étreignait
son propre cœur et l'accablait de tristesse.
« Saint-Joseph est toujours le même, écrivait-il un jour; c'est toujours peines à consoler, misères à soulager, larmes à essuyer.
Demandez à Notre-Seigneur qu'Il m'aide
dans ce ministère qui parfois écrase mon
âme et brise mon pauvre cœur ». Toutefois
il ne connut jamais le découragement; au
contraire, quand il s'agissait de consoler
quelqu'un, sa charité le portait en avant, et
il provoquait les confidences. « Mettez sur
moi, disait-il en souriant, une grande partie de vos peines. Les épaules du curé de
Saint-Joseph sont assez fortes pour les porter. » Souvent on le voyait pleurer avec
ceux qui pleuraient, mais sa foi les élevait
bientôt au-dessus des peines passagères de
ce monde et jetait dans leur désolation les
fortifiantes pensées de Dieu, de l'éternité,

du ciel. Jésus-Christ, le divin Consolateur, avait mis sur les lèvres et dans le cœur de ce prêtre quelque chose du charme céleste avec lequel, depuis dix-neuf siècles, il attire à Lui toutes les âmes blessées, guérit leurs plaies et leur rend, avec la paix, la force et la vigueur ! *Et ego reficiam vos.*

Ce qu'il y avait précisément de plus frappant dans les consolations de M. Viennois, c'était le sérieux et la fermeté des pensées chrétiennes dont sa parole vous remplissait l'esprit. Une mère avait perdu sa fille, que la pâle mort lui avait arrachée des bras en dépit des grâces de sa jeunesse et des qualités d'intelligence et de cœur dont elle était ornée. M. Viennois avait connu cette enfant, il avait pénétré depuis longtemps au fond de son âme, où se reflétaient la bonté et la pureté du ciel. Dans un article pieux qu'il publiait le lendemain des funérailles de la jeune fille, il disait : « Elle laisse après elle un tel parfum de piété, de pureté et de résignation évangélique, que ceux qui ont eu le bonheur de l'approcher bénissent Dieu d'avoir contemplé en cette enfant un vrai trésor de grâces célestes. »

Mais restait la mère avec son inconsolable douleur. Nouvelle veuve de Naïm, elle rencontra Jésus en la personne du prêtre qui avait assuré à sa fille une vie meilleure que notre vie triste et périssable d'ici-bas. « Je serai avec vous, lui écrivait-il quelques mois après, pendant les belles fêtes de la Toussaint, qui seront pour vous pleines de tristesse, mais aussi j'ajouterai, d'immense consolation. Oui, votre fille célébrera ces fêtes dans l'assemblée des Saints, elle fait partie du chœur des vierges dont il est parlé dans les saintes Ecritures, qui suivent l'Agneau partout où il va. C'est là la consolation, l'immense consolation ! Nous sommes encore dans cette vallée de larmes, mais un jour nous rejoindrons ces âmes bien-aimées, et dès maintenant, les sachant heureuses, nous sommes heureux nous-mêmes de ce bonheur dont nous ne sommes séparés que par un voile bien léger et bien transparent malgré tout...

« Pour cette enfant, je ne sens pas le besoin de prier, mais j'éprouve celui de demander pour vous à Notre-Seigneur de profiter de toutes les peines, qu'il ne vous envoie que pour vous sanctifier et pour rendre plus belle la couronne qu'il déposera sur votre front, à côté de votre angélique enfant.

« Méditez cette pensée, ma Fille : qu'est-ce que se résigner ? C'est mettre Dieu entre soi et la douleur. Quand nous gémissons de nos malheurs, considérons ce que souffrent les autres. Venez à Saint-Joseph, visitez de pauvres familles : vous y trouverez de vaillantes mères dans l'infortune, acceptant leur triste sort courageusement, chrétiennement. Tendez-leur la main, alors vous serez plus résignée.

« Répétez souvent, ma Fille, cette pensée que je trouve faite pour vous : Ne nous arrêtons jamais à la main qui frappe, montons jusqu'au cœur qui relève et qui guérit. C'est Dieu qui l'a voulu, et Dieu n'est-il pas le plus tendre des Pères ? »

Le traitement qui consiste à faire sortir d'eux-mêmes les cœurs affligés et à les appliquer à quelque chose de pratique, comme l'exercice de la charité à l'égard des malheureux, ne manque pas plus de sagesse, on le reconnaîtra, que d'énergie.

Il semble que **M.** Viennois fût dévoué à consoler les mères à qui Dieu avait retiré leurs enfants. Voici quelques extraits d'une autre correspondance à laquelle vint donner occasion la mort d'une jeune fille non moins aimable et non moins regrettée, Clémence **T.** :

« J'apprends à l'instant la nouvelle de l'épreuve que Notre-Seigneur vient d'envoyer à votre cœur de mère. C'est une

immense douleur , je le sais , je le
sens, mais je sens aussi que vous puiserez
dans vos sentiments chrétiens de quoi,
non pas vous consoler (les mères ne
se consolent pas), mais de quoi adoucir
l'amertume de ce calice. J'ai prié et
fait prier pour cette chère enfant, et je
vous propose de venir prier pour elle à
Saint-Joseph, le jour que vous voudrez
bien choisir. »

Quelques jours se passent pour la mère
affligée dans le calme et la résignation que
produit la prière. Mais bientôt la nature
reprend le dessus, et ses révoltes et ses dé-
solations se font jour dans une lettre écrite
à M. Viennois.

« Je reçois votre lettre désolée, répond
celui-ci, et je puis bien vous dire que l'accent de votre cœur de mère m'a profondément ému ; bien plus, j'en ai ressenti une
immense tristesse.

« Il vous semble que la foi vous abandonne ? Elle est pourtant la seule consolation dans les douleurs de la vie.

« Vous me dites que vous attendez une parole de Notre-Seigneur, et que cette parole, Il ne la dit pas. Eh ! cette parole, ce me semble, la voici : J'avais confié à votre cœur de mère une enfant pieuse, douce, ornée de vertus et de qualités aimables. Mais cette enfant était mienne, je la redemande pour la rendre heureuse, beaucoup plus heureuse que dans tous les bonheurs de la terre.

« Et puis un jour je la rendrai à votre cœur, et ce sera pour toujours !

« Voilà, ce me semble, le langage de Notre-Seigneur.

« Oh ! Madame, laissez-nous vous dire ces paroles de saint Paul : *Nous ne voulons pas que vous vous laissiez aller à la tristesse, comme ceux qui n'ont pas d'espérance.*

« Nous, nous avons une ferme espérance.

C'est Dieu, c'est sa bonté, c'est sa puissance qui nous la donne. »

Un dernier extrait pour finir : il a rapport à cette indéfinissable tristesse qui à certains moments s'attaque à ceux qui ont souffert et qui semble vouloir les envahir.

« Ne l'accueillez pas trop volontiers, cette tristesse ; elle ne me paraît pas être selon Dieu. Elle vous décourage et vous fait perdre de votre résignation à la sainte volonté de Notre-Seigneur.

« A mon sens, une seule tristesse est bonne : c'est celle qui, nous faisant comprendre le vide, le néant de tout, nous porte à Dieu. Ah ! celle-ci est chrétienne, et je vous la souhaite, comme je la souhaite à toutes les âmes que j'aime. Mais l'autre tue l'âme. Donnez à tous ceux qui vous entourent le spectacle d'une douce sérénité puisée dans une confiance filiale, et dans un abandon complet de tout vous-même entre les mains de Dieu. »

Ainsi, Dieu toujours, la pensée du ciel, la prière, l'exercice de la charité, voilà pour M. Viennois toute la théorie chrétienne de la consolation, et personne en effet n'a jamais rien offert de plus consolant à ceux qui pleurent.

Dans les malheurs de la vie, le bon curé consolait ceux qui le faisaient confident de leurs peines ; dans les luttes sombres de l'âme contre le principe du mal, en face de ces blessures meurtrières qu'elle s'inflige à elle-même en commettant le péché, il consolait encore le pauvre pécheur, et l'encourageait affectueusement à être plus ferme et plus généreux à l'avenir. Confesseur, directeur des consciences, il comprenait la mission de miséricorde qui lui était confiée, et il la remplissait avec toute la bonté de son âme.

Peut-être, dans le début de son ministère, mettait-il à l'accomplissement de ses devoirs de confesseur une certaine rigidité d'esprit ; nous l'avons entendu dire, et nous le croyons sans peine : c'est le défaut des consciences les plus droites, elles se font une idée stricte du devoir, et elles l'ont si constamment et si absolument devant les yeux, que nulle circonstance ne leur paraît pouvoir infléchir la loi morale. Mais l'expérience et la pratique des âmes avaient peu à peu fait disparaître cette disposition d'esprit. Il s'était mis également à lire saint François de Sales, celui de tous les Saints qui a peut-être reproduit le plus fidèlement dans sa vertu et dans ses écrits la mansuétude du divin Maître, et tout en s'imprégnant de ses idées, il se formait à son esprit.

Directeur éclairé, combien de personnes se souviennent d'avoir reçu de lui, dans telle ou telle circonstance grave, le bon conseil qui a tranché des difficultés peut-être inextricables, se sont bien trouvées de l'avoir suivi, et lui ont confié ensuite la direction de toute leur vie ! Il n'imposait pas son autorité, ayant un respect infini de la liberté d'autrui, mais il avait une manière à lui de dire : « Vous feriez bien de faire ceci ou cela » qui vous obligeait à l'obéissance la plus absolue.

Il n'aimait pas laisser les âmes s'encombrer de pratiques de dévotion, et répétait souvent que la meilleure manière de servir le bon Dieu était non pas de chercher à faire de grandes choses, mais de vivre bien simplement, en s'en tenant à son devoir et en suivant sa *petite ligne droite*. Et que de vigilance à l'égard de la piété de sentiment ! Quels soins à obtenir des âmes pieuses surtout la ferveur de la volonté ! A combien d'entre elles il faisait réciter journellement des prières comme celle-ci : « Mon Dieu, je ne sens rien, je ne suis rien, je ne sais rien vous dire ; mais je sais seulement que je veux vous appartenir complètement. »

L'âme a son hygiène ; dans l'atmosphère dont elle vit, il ne faut ni brume, ni trouble, ni tempête, mais le calme dans la possession de l'amour divin, la joie sereine et la paix.

La paix ! la paix de Dieu ! comme il disait. C'était le bien de l'âme qu'il se préoccupait le plus d'assurer au confessionnal. Il avait beau être pressé d'occupations, il ne quittait pas le pénitent sans s'être assuré à plusieurs reprises qu'il était bien en paix. Il affectionnait tout particulièrement la prière de sainte Thérèse : « Que rien ne te trouble, que rien ne t'épouvante..... »

« Gardez-vous bien dans la paix, écrivait il à une de ses pénitentes », et nous donnons ces quelques lignes comme un spécimen de son genre, « pas de préoccupations inutiles, toujours la devise de sainte Thérèse : *Ne te préoccupe de rien... tout passe.*

« Vous avez Notre-Seigneur près de vous, vous avez tout. Visitez-le comme à Saint-Joseph ; mais que votre piété ne soit pas une contrainte, que ce soit un abandon, et lors même que vous ne goûteriez rien, ne vous affligez pas. Laissez Notre-Seigneur faire en vous, faire de vous ce qu'il lui plaira, non pas de temps en temps, mais toujours. »

Laissons au secret des âmes qu'il a dirigées tant de souvenirs intimes et pieux qu'elles conservent avec un soin jaloux. Il est temps de revoir M. Viennois, non plus dans le seul à seul sacré du confessionnal, mais au grand jour, au milieu de ses paroissiens dont il fait ce qu'il veut, tant il a leurs cœurs à lui, dans sa chère église, qui se remplit sitôt que la petite cloche aux sons argentins a annoncé un office. De belles cérémonies s'y déploient, autant du moins que le permet l'exiguïté du chœur de la chapelle provisoire. Quand M. le curé y prend part comme officiant, tout le monde remarque son recueillement, son air pénétré ; on le dirait abîmé devant la majesté du Dieu trois fois saint. Quand il y assiste comme témoin, il s'y complaît, il les suit d'un œil attendri, et il est rare que tout à l'heure, au sortir de l'église, il ne s'écrie pas : Oh ! les belles cérémonies ! Que la religion est donc sainte ! Qu'elle est donc belle !

Mais voici l'heure de monter en chaire. M. Viennois n'est pas orateur ; sa voix est sourde, monotone, sans flexibilité, sans agrément, ses gestes sont nuls, il s'exprime avec lenteur ; la parole ne coule pas chaude, facile, colorée, étincelante, comme chez tel ou tel prédicateur que ses paroissiens ont entendu ; mais son seul aspect est une pré-dication : sitôt qu'il a paru en chaire, une même impression domine tous les cœurs, latente chez l'un, précise et claire chez d'autres : on a devant soi un homme de Dieu ; ce qu'il dit est simple, très simple, comme ce que disait le curé d'Ars, mais aussi très profond, très senti, et l'on devine je ne sais quel feu intérieur qui brûle sous la cendre de cette parole étouffée, et parfois il s'en échappe des flammes de sentiment qui émeuvent et embrasent tout, des cris du cœur qui vous troublent et vous arrachent des sanglots.

M. le Curé ne fait pas de sermons proprement dits. Si d'occasion il traite un sujet, il a vite fait d'établir les principes, et il s'attache surtout à en tirer des réflexions pratiques. Ce qu'il aime, ce qu'il considère dans le sujet, c'est l'auditoire ; ses paroissiens, *ses bien-aimés frères*, sont là devant lui, il veut les édifier, relever leur courage, ranimer leur zèle, leur générosité au service de Dieu ; ils ne s'en iront pas sans emporter un trait qui fera du bien à leur âme.

Où il excelle, où il met tout son cœur, c'est dans le *chapelet médité*. Oh ! ces chapelets de Saint-Joseph ! Comme on y priait ! Comme les voix et les âmes s'y mettaient à l'unisson sous la parole du pieux curé, pour dire à Dieu, au travers de la Salutation angélique, leurs affections, leurs désirs, leurs espérances !

Les vêpres sont finies ; personne n'est sorti de l'église, au contraire, il est des retardataires qui entrent encore, car on vient de tout Lyon s'édifier à la récitation de ce chapelet. M. le Curé est debout en chaire, les yeux fermés, les mains appuyées et croisées sur la chaire, un chapelet dans les doigts. Après un grand signe de croix fait et prononcé avec une lenteur saisissante, il dit les intentions générales qu'il propose aux assistants pour la prière qu'ils vont réciter. C'est, par exemple, la sanctification de la paroisse ; les extraits que nous donnons à ce propos sont textuels :

« Vous croyez peut-être, mes bien-aimés Frères, qu'en ce moment je pense à la nouvelle église. Eh bien, détrompez-vous : ce qui me tient le plus au cœur, c'est le salut de vos âmes. Car je puis bien vous le dire : souvent il me semble entendre une voix intérieure qui me dit : Ne t'occupe pas de l'église à construire ; elle se bâtira sans toi ; occupe-toi surtout des âmes que je t'ai confiées. Nous réciterons donc le premier dizain pour la sanctification de vos âmes. »

Et le premier dizain se récitait, ardent, suppliant, ranimé à chaque *Ave Maria* par la prière pénétrante, profonde du bien-aimé pasteur. Tout à coup il s'interrompait entre deux *Ave* : « Mes bien-aimés frères, que nous nous retrouvions tous un jour dans le Ciel, comme nous nous trouvons dans cette église ! »

A un autre dizain, il passait à la conversion des pécheurs de la paroisse : « Que ne pouvons-nous aller à la recherche de toutes les pauvres brebis égarées, et leur dire tout le bien que nous leur désirons ! Nous nous sommes fait prêtre pour les sauver, et nous voudrions pouvoir les sauver toutes. Mais hélas !... » Et l'on entendait un soupir si fort qu'on le percevait dans toutes les

parties de l'église, si déchirant qu'il trou-
blait tous les cœurs.

Le chapelet continuait ainsi, le vénéré
pasteur intercalant dans la prière pensées
et sentiments, à mesure qu'ils lui venaient
à l'esprit, les fidèles buvant ses paroles et
s'unissant à ses intentions.

Un jour qu'ils ne répondaient pas avec
l'ardeur habituelle, M. le Curé s'arrête
brusquement : « Mais, mes bien-aimés
frères, il me semble que je ne suis plus à
Saint-Joseph ; je n'entends pas toutes vos
voix. » Et alors chacun se met en devoir de
répondre plus distinctement et plus fort :
« A la bonne heure. Voyez-vous, mes bien-
aimés frères, il faut que nous ne formions
qu'une voix pour prier Dieu, et que nous y
mettions tous toute notre âme. »

Dans un des nombreux pèlerinages qu'il
fit à Ars avec un groupe de ses paroissiens
(car il affectionnait de mener les personnes
pieuses de sa paroisse prier sur la tombe du

vénérable J.-B. Viannay) il se rencontra
avec un pèlerinage breton nombreux et très
édifiant, avec lequel on fut vite en commu-
nauté de prières et de sentiments. Sur le
soir, M. Viennois fit réciter un chapelet :
c'était la seule cérémonie qui appartînt en
propre aux Lyonnais dans cette belle journée;
il mit dans ses réflexions tant d'à-propos
et de simplicité, tant de foi et de piété, que
les Bretons qui se trouvaient là s'écriaient
au sortir de l'église, en s'adressant aux paroissiens de Saint-Joseph : « Mais c'est un
homme de Dieu, c'est un saint que vous
avez pour curé ! » Et ceux-ci, on peut le
croire, ne disaient pas non.

Ce prêtre zélé avait vraiment le secret de
faire prier. Après chaque exercice du soir,
commençait la *prière en famille*, pour nous
servir de son expression favorite; et il la
faisait avec tant de ferveur et d'onction, on
sentait si bien qu'il était en la présence de
Dieu, qu'il communiquait à tous la foi et

l'ardeur de piété dont il était animé ; les distractions n'étaient pas possibles, et l'on était inconsciemment et malgré soi porté vers Dieu.

« Tous ensemble les actes du chrétien ! », dit-il d'une voix grave, lente et forte ; et alors l'assistance tout entière de réciter avec lui les actes de foi, d'espérance et de charité. Ce n'est pas un murmure confus et hâtif, comme hélas ! il arrive trop souvent. La phrase se déroule lentement, forte et ferme comme un symbole, ardente comme une supplication, et la voix du pasteur domine toujours et soutient toutes les autres. « Oh ! comme il fait bon, s'écriait-il quelquefois, prier ainsi ! »

Et il appelait l'attention sur la prière faite en commun dans la famille ; il la recommandait instamment. C'est un pieux usage qui tend à disparaître, dans notre France jadis si chrétienne. En sommes-nous plus heureux ? M. Viennois tenait souverainement à cette pratique. Pendant un carême que le Père Monvenoux, mariste, prêchait à Saint-Joseph, M. le Curé lui demanda de donner un sermon sur la prière en famille, et de promettre de sa part une belle image à tous ceux qui s'engageraient à faire la prière du soir en commun. Le prédicateur fut éloquent, persuasif. A la suite du sermon, M. Viennois, resté à la table de communion, distribua ses images. De retour à la sacristie, tout rayonnant de joie, il se jeta dans les bras du missionnaire. « Sept cent cinquante images ! répétait-il, sept cent cinquante ! que je suis heureux ! »

Heureux père, en effet, de pouvoir ramener la prière, la pensée de Dieu, les pratiques de la foi dans ces familles qui lui étaient si chères ! S'il aimait sa paroisse, on le devine. Quelquefois, il est vrai, la pensée des brebis qui restent en dehors du bercail, errantes, exposées au plus affreux malheur, lui arrache des cris de désolation comme celui-ci : « Oh ! que je voudrais pouvoir quelque chose pour ces chères âmes qui me sont confiées ! Que je voudrais voir tomber de leurs yeux toutes ces écailles qui les empêchent de voir la beauté et la bonté de Notre-Seigneur ! » Il ne peut convertir tous ses paroissiens, mais en se rapprochant d'eux par l'exercice de la charité, il parvient à leur inspirer à tous un sentiment voisin du respect et de la sympathie pour la religion. Il le sait bien, et il ne veut pas voir leurs défauts, et quand on attaque ses paroissiens devant lui, il les défend avec l'énergie et la tendresse ombrageuse de la mère qui ne veut pas qu'on touche à ses petits. « Mais enfin, Monsieur le Curé, lui disaient deux ou trois confrères, pendant la récréation, à la retraite pastorale, votre paroisse est si édifiante ! vos paroissiens sont si bons ! Font-ils tous leurs Pâques ? » — « Non, répondit naïvement le bon Curé; mais ils ne sont pas loin de les faire. »

Il lui a été reproché, nous le savons bien, d'avoir accordé sa confiance à des personnes qui ne la méritaient pas en toutes choses. On était étonné parfois de le voir en rapport avec certaines gens, et volontiers on lui aurait adressé le même reproche qu'à Notre-Seigneur : *amicus peccatorum*.

Mais s'il était l'ami des pécheurs, c'était pour leur faire du bien, il voulait les convertir ; et s'il n'a pas toujours obtenu les conversions qu'il désirait, du moins on ne peut dire que sa confiance ait été souvent trompée. La simplicité et la bonne foi sont de meilleurs auxiliaires pour le prêtre que la défiance.

Un groupe de ses paroissiens auquel il s'intéressait plus particulièrement, c'était la colonie militaire. Le voisinage de la caserne de la Part-Dieu attirait sur la paroisse Saint-Joseph des familles d'officiers qui se logeaient surtout dans les petits et coquets hôtels que l'on trouve sur la lisière du parc. L'officier, pour M. Viennois, c'était l'image de la force et de la dignité du pays, c'était l'autorité, la hiérarchie, choses saintes qui avaient tout son respect, car il était l'homme de la discipline, il prêchait et pratiquait pour son compte l'obéissance la plus absolue envers les supérieurs. « L'homme n'est rien, disait-il, c'est l'investiture qui est tout, et nous n'avons qu'à nous en montrer dignes. » Il était donc heureux d'avoir pour paroissiens ces officiers de tous grades, et il les visitait tous, depuis le jeune sous-lieutenant, jusqu'au général. Comme il était joyeux et attendri, le jour de Pâques, lorsqu'il voyait, mêlés aux ouvriers de sa paroisse, les soldats, les officiers en uniforme ! Il en invitait souvent à sa table, spécialement pour la Saint-Georges, qui était sa fête.

Le jour de la bénédiction de la nouvelle église, après les vêpres, M. le Curé eut la pensée d'inviter Son Eminenc le cardinal

Foulon à se rendre au presbytère. Tous les officiers de la paroisse y étaient réunis, au nombre d'une quarantaine, et ils furent présentés au cardinal, qui fut très touché de cette attention, car lui aussi aimait beaucoup l'armée et ses représentants.

Nous connaissons parmi ces officiers de vaillants cœurs tout dévoués à la patrie, et qui ont conservé une sorte de culte, fait de respect et d'ardente affection, pour le vénéré curé de Saint-Joseph.

Non moins que la patrie, ce prêtre aimait l'Eglise, la divine patrie des âmes. Un jour, à table, on parlait de franc-maçonnerie, de socialisme et de tout ce déchaînement d'erreurs et de désordres auquel nous assistons impuissants et l'âme navrée. Et M. le Curé de manifester son amour pour l'Eglise, de dire que seule elle pourrait ramener la paix et le bonheur dans nos sociétés troublées. Il apostrophait le religieux qui se trouvait en face de lui, et, l'œil étincelant de fierté et d'amour : « Père, Père, s'écriait-il, l'Eglise ! oh ! l'Eglise ! Qu'y a-t-il de meilleur ? Que nous devrions être heureux de lui appartenir ! »

Vint un jour où il fallut manifester publiquement cet amour de l'Eglise et où, comme dit M. Blanchon, ce prêtre, doux comme un agneau, quand il ne s'agissait que de sa personne, montra qu'il avait la vigueur du lion, quand les principes éternels étaient outragés. C'était en 1880, il se commettait par toute la France une des plus grandes iniquités du temps. En exécution des fameux décrets, on chassait brutalement de leurs maisons des religieux qui ne demandaient rien autre à leur pays que la liberté de se réunir pour prier en commun. Le jour était venu d'expulser les Dominicains de la rue Bugeaud. La foule, une foule de gens sans aveu, sortis pour la circonstance de bouges infects, s'était attroupée devant la maison et dans les rues avoisinantes et poussait d'horribles clameurs. M. Viennois est averti de la chose ; il prend son habit de chœur et, suivi d'un de ses vicaires, il traverse, vêtu de ses ornements sacerdotaux, cette foule hurlante qui s'écarte cependant devant lui. Il monte sur le perron du couvent, et de là il harangue ces gens qui tout à coup se sont tus. « Vous me reconnaissez bien... Je suis votre curé... et je viens défendre mes paroissiens... Qu'est-ce qu'ils vous ont fait ? Ils n'ont fait que du bien au quartier..... »

Il continue ainsi pendant plusieurs minutes, et quand les vénérables proscrits paraissent sur leur porte, conduits par les agents, il les embrasse, se met à leur tête, traverse une seconde fois avec eux les rangs de la foule subitement apaisée, et les emmène au presbytère, où il leur offre une cordiale hospitalité.

Tels sont les principaux traits du caractère et de la vie de M. Viennois dont nous

avons souvenir ; nous en oublions certainement beaucoup, et ses paroissiens nous
reprocheront d'être incomplet. Il faut achever cependant ces pages déjà bien longues
et dire en quelques mots quelle fut la fin
de cette sainte existence.

✿✿✿✿✿✿✿✿✿✿✿✿✿✿✿✿✿✿✿✿✿✿✿✿✿✿✿

CHAPITRE X

MORT DE M. VIENNOIS

Dans cette étroite et pauvre sacristie, où il passait sa vie à donner
audience aux malheureux de
toute espèce et à compatir à leurs peines,
le puissant organisme de M. Viennois, qui
eût demandé au contraire du mouvement
et une grande activité extérieure, s'épuisait
et se consumait à petit feu. Depuis qu'il
était venu en pleine vigueur au milieu de
son cher troupeau, le bon pasteur n'avait

cessé de donner sa vie, avec son cœur,
pour ses brebis, et si le cœur restait iné-
puisable, les provisions de vie, usées au
jour le jour dans de constantes et excessives
préoccupations, touchaient à leur fin. Les
apparences étaient bonnes encore, et on le
voyait si agissant toujours, que la plupart
s'y trompaient; mais, en fait, sa santé était
sérieusement atteinte, et les amis du bon
curé commençaient à s'inquiéter.

On eut une première et chaude alarme
sur la fin de l'année 1884. Un soir, M.
Viennois était allé à l'église Saint-François
entendre un sermon de M. l'abbé Planus.
Là, il se sentit gravement indisposé, atten-
dit quand même la fin du discours, et reprit
le tramway qui devait le ramener rue Suchet, à côté du presbytère. Mais ses jambes
se dérobaient sous lui, il fallut que le con-
ducteur et quelques personnes charitables,
qui se trouvèrent là, le soutinssent et le
portassent pour ainsi dire jusque dans ses

appartements. En y arrivant, il perdit tout
à fait connaissance, on craignit un moment
une congestion cérébrale, l'émoi se répan-
dit dans le quartier ; mais Dieu rendit le
vénéré pasteur aux prières éplorées de ses
paroissiens ; au bout de cinq ou six jours,
M. Viennois put reprendre sa vie ordinaire.

Toutefois, il y avait dans ce qui venait
de se passer, un premier avertissement
dont il n'était pas possible de méconnaître
la signification. Les vicaires et les amis
de M. le Curé unirent leurs efforts pour
l'amener à modérer le travail excessif qu'il
faisait à Saint-Joseph, et, ne pouvant y par-
venir, ils lui firent imposer par le médecin
l'obligation de s'éloigner de sa paroisse
chaque année durant la belle saison, pour
prendre quinze jours de vacances. « Quinze
jours de pénitence ! » disait M. Viennois ; cependant il s'y soumettait, parce
qu'il voyait manifestement que telle était
la volonté de Dieu, et en constatant com-

bien il avait à faire encore pour mener à
bien les œuvres entreprises, il désirait, si-
non vivre longtemps, au moins avoir la
santé et les forces nécessaires pour suffire à
sa tâche quotidienne de labeur et de charité.

Il passa un certain nombre de ces villé-
giatures annuelles sur la montagne des Voirons, qui se trouve en Savoie, non loin de
Genève. Le site en est magnifique. L'on a
à ses pieds les eaux limpides du Léman,
puis, sur les rives du lac, le Chablais avec
ses collines et ses forêts de châtaigniers,
avec les vivants souvenirs de son apôtre,
saint François de Sales ; dans le lointain,
s'étageant par-dessus les montagnes de la
Savoie, le massif du Mont Blanc, avec ses
arêtes élancées et ses neiges éternelles. Et
pas d'Anglais ! pas de touristes, pas d'en-
combrement ni de bruit, comme dans la vie
ordinaire d'hôtel, mais un vaste silence, et
la solitude en face des merveilles de la
Création !

« Le lieu est bien choisi par la Providence, écrivait-il dès le 11 juillet 1885, pour nous faire prendre le repos dont nous avions besoin. Pour des prêtres, je ne sais rien de meilleur que cette solitude dans ces beaux lieux, pour se refaire après les travaux du saint ministère.

« Je n'ai pas besoin de vous dire que nous n'oublions pas Saint-Joseph pour tout cela, et qu'une de nos joies est de penser que nous nous reposons pour mieux travailler, et que nous reviendrons, s'il plaît à Dieu, plein de courage pour faire l'œuvre que la bonté divine nous confie. »

Si l'ermitage des Voirons attirait peu les hôtes incommodes, amis de la distraction bruyante, en retour, il était fréquenté par des prêtres, comme M. Viennois, avides d'air pur et de repos dans le calme de la montagne. Plusieurs années de suite, il s'y rencontra avec M. le vicaire général Lajont, dont la mémoire est entourée à Lyon de

tant d'affectueux regrets et d'une si universelle vénération. Celui-ci avait rédigé, à
l'usage des prêtres habitués de la station,
une sorte de règlement de vie intitulé :
Règle des ermites de Notre-Dame des Voirons, et d'où la piété et la sagesse qui y
présidaient n'avaient pas exclu l'humour.
Quelques articles en diront l'esprit et feront
entrevoir aussi la vie de M. Viennois, dans
cette solitude où il venait chercher, avec le
repos pour son esprit, une nouvelle vigueur
pour son âme :

« Tout souci est interdit à l'ermitage de
Notre-Dame des Voirons.

« Il devra y régner toujours une douce
gaîté, une aimable égalité d'humeur, une
mutuelle charité, une sainte liberté.

« Les frères pourront, à leur gré, faire
leurs exercices spirituels en particulier ou
en commun.

« Entre les repas, le temps est libre, les
frères pourront se livrer pendant ce temps

à tous les exercices de leur vie érémitique, tels que promenades, excursions, repos à l'ombre, sieste, et autres exercices propres à les récréer et à réparer leurs forces affaiblies.

« Les frères professeront une tendre dévotion envers Notre-Dame des Voirons.

« Ils se rendront exactement, au son de la cloche, à l'exercice du soir.

« Cet exercice se composera d'un chant, de la récitation du chapelet, de la prière du soir, de l'*angelus* et d'un cantique à la Sainte Vierge. Un frère y proposera le sujet d'oraison. Celui qui proposera le sujet d'oraison le fera avec une grande humilité et simplicité, ne cherchant nullement la gloire du monde, et se considérant comme le plus imparfait des ermites.

« Les frères devront s'endormir d'un sommeil paisible ; nul ne sera obligé d'aller voir lever le soleil. »

M. Viennois se livrait tout entier au

charme de cette retraite, où il trouvait Dieu
dans la prière sans préoccupation, et dans
la compagnie de bons et pieux confrères.
« Nous sommes à deux pas d'une petite
chapelle, écrit-il, et nous en profitons. Le
bonheur, c'est d'avoir Notre-Seigneur près
de soi. »

Et cependant, au milieu de tous ces en-
chantements de la nature et de la piété, il
porte toujours au fond de son cœur la sollicitude de sa chère paroisse absente. « Je
demande au bon Dieu qu'il me fasse faire
ample provision de forces pour Saint-
Joseph : et je lui demanderais volontiers
d'abréger le temps de ces vacances ; car ce
n'est pas sans une sorte de peine que je
pense à ce séjour prolongé loin de Saint-
Joseph ; je n'y suis pas accoutumé, et le
temps me paraîtrait un peu long, si je ne
sentais que la volonté de Dieu est que l'on
prenne du repos, et si je n'avais pas la douce
confiance que tout va bien à Saint-Joseph. »

Il a beau changer de résidence, quitter les montagnes de la Savoie pour celles du Lyonnais ou du Dauphiné, passer son temps de villégiature chez des amis ou chez des paroissiens, tant qu'il n'est pas dans son cher Saint-Joseph, c'est une âme en peine. Par exemple, en juillet 1890, il se trouve à Chênelette, chez son ancien vicaire, M. Cl. Besson. « Me voilà en pleines vacances, écrit-il, goûtant le véritable repos, au milieu des bois et des belles montagnes.

« Quel dommage qu'il faille quitter Saint-Joseph pour trouver cela ! Ce sont mes pensées, à la veille de ce premier dimanche passé loin de la chère paroisse. Mais le bon Dieu le veut ainsi, nous devons nous soumettre.

« J'aurais du reste tout à fait mauvaise grâce à me plaindre. Mon hôte, le bon curé, c'est bien Saint-Joseph avec ses meilleurs souvenirs. »

Ainsi toujours et partout Saint-Joseph !

15.

Il ne pouvait vivre loin de sa paroisse, et d'autre part, dans la paroisse, malgré le dévouement des vicaires, il y avait bien quelque marasme accompagné de beaucoup de tristesse, quand il était absent. Ces quinze jours de séparation faisaient souffrir de part et d'autre. Et cependant la grande séparation n'était pas loin.

Jamais personne n'avait osé s'arrêter à la pensée qu'un jour viendrait, où le cher et vénéré Curé pourrait disparaître ; il était tellement l'âme de sa paroisse, qu'il semblait que rien ne pourrait plus se faire, s'il venait à manquer. Quant à lui, il semble avoir eu le très clair pressentiment de sa fin prochaine. Dans plusieurs lettres de cette époque, nous voyons revenir avec insistance l'idée qui lui est familière du néant de la vie « Que nous sommes peu de chose ! Combien est grande la dépendance où nous sommes de Dieu ! Nous sommes vite brisés. Je ne puis comprendre qu'on se promette un an de vie. » Depuis un an, il arrangeait et organisait tout, comme pour sa mort ; et quand on lui disait : Vous ferez sans doute encore ceci pour l'église, pour la paroisse, pour telle œuvre, il répondait à peu près invariablement : « Ce sera pour mon successeur. » Il n'y eut d'exception que pour une œuvre urgente, la construction des écoles autour de l'église.

Mais s'il n'entreprenait plus de grands travaux, il se livrait avec le même zèle à son ministère journalier de charité auprès des âmes et des malheureux. A le voir toute la journée aller et venir, confesser, tenir ses audiences à la sacristie, visiter ses malades, qui eût dit que ce prêtre si zélé était frappé à mort, et qu'il le savait ? C'est l'illusion où il nous laissa nous-même lorsque nous le vîmes pour la dernière fois, le 9 janvier 1892. Nous partions pour un grand voyage et une longue absence ; il nous fit les meilleurs souhaits pour nous, pour notre famille qu'il aimait, et nous embrassa dans une chaude et paternelle étreinte, qui devait être la dernière.

Le lendemain, pour la solennité de l'Epiphanie, il présidait la réunion des Enfants de Marie, et leur parlait de la vaine curiosité. « Voyez-vous, leur disait-il, à mon âge, j'ignore beaucoup de choses et je n'en souffre point. Je ne devrais pas me donner comme modèle, mais mes cheveux blancs me le permettent. Si je mourais maintenant, je pourrais dire qu'il y a beaucoup de choses que j'ignore et que je n'ai jamais voulu savoir... »

Dans sa journée de dimanche, rien ne fut retranché de ses occupations ordinaires ; il travaillait toujours, et déjà le ressort de la vie en lui était brisé.

Mais le lendemain, lundi, 11 janvier, il dut s'aliter ; on crut à une légère attaque d'influenza, et pendant trois jours, le mal fut jugé sans gravité. Ce n'est que le jeudi

que la situation empira subitement ; une
fièvre ardente dévorait le malade. Le médecin appelé en toute hâte prescrivit les soins
les plus minutieux pour éviter une fluxion
de poitrine qui menaçait.

Pendant toute une semaine, on fut partagé entre la crainte et l'espérance ; son
état restait stationnaire ; d'ardentes prières
se faisaient pour sa guérison ; c'était un
va-et-vient continuel à la porte de la cure
pour demander de ses nouvelles ; le médecin avait prescrit le plus grand repos d'esprit et interdit toute visite. « Laissez-moi
au moins, disait un ami intime de M. Viennois, M. G., rester un moment dans la
chambre voisine.» Et il restait là longtemps,
priant en silence, le front appuyé contre le
mur derrière lequel son saint ami souffrait,
en proie au mystérieux et douloureux travail de la mort.

Le cher malade cependant avait fait son
sacrifice dès les premiers jours, et mainte-

nant il envisageait avec calme la perspective de la mort. « Surtout, répéta-t-il deux
fois, ne laissez pas mettre de fleurs sur
mon cercueil. » Il voulait laisser à la mort,
en sa personne, toute son austère et sainte
gravité, et rester ainsi tout à fait dans l'esprit de l'Eglise.

Dès qu'on put croire à la gravité du
mal, le cardinal Foulon vint rendre visite
au cher malade. L'entrevue dura près d'une
heure ; et comme son Eminence parlait
de guérison : « Oui, répondit M. Viennois,
s'il plaît à Dieu de me rendre la santé, je
serai heureux de travailler encore à cette
œuvre de saint Joseph. Cependant, s'il
veut me rappeler à Lui, que sa volonté soit
faite ; j'y suis bien résigné. » Et la conversation continua sur la chère paroisse, sur
l'esprit de famille qui y régnait. M. Viennois ne se lassait pas de parler de Saint-
Joseph.

A un an de distance, l'illustre cardinal

devait rejoindre l'humble curé dans la mort. En des situations bien différentes, ils ont travaillé à l'œuvre de Dieu avec le même dévouement ; la même divine récompense leur est assurée pour toujours.

La crise décisive se fit dans la nuit du vendredi au samedi 23 et, hélas ! à partir de ce moment, il n'y eut plus d'illusion possible ; la mort approchait, M. le Curé le sentait plus que personne ; il demanda le saint Viatique et l'Extrême-Onction. « J'ai si souvent recommandé à mes paroissiens, disait-il à ses vicaires, de ne pas attendre la dernière heure pour recevoir les sacrements ! Vous leur direz que leur Curé leur donne l'exemple à suivre. »

Ce fut M. Bridet, l'ancien et fidèle ami de Saint-Nizier, qui lui administra l'Extrême-Onction. Le pieux malade suivait la cérémonie et répondait aux prières avec l'accent de foi qui lui était habituel. « Que je suis heureux ! disait-il, à la suite de la cérémonie. Voilà le troisième beau jour de ma vie ! Ma première Communion ! ma première Messe et mes derniers sacrements !... »

Ses vicaires étant agenouillés autour de son lit ainsi que ses domestiques, il leur demanda pardon de la peine qu'il avait pu leur faire et des mauvais exemples qu'il avait pu leur donner. Et comme ils lui demandaient pardon à leur tour : « Oh ! s'écria-t-il, je n'ai rien à vous pardonner ; vous avez toujours été si bons pour moi ! Je vous bénis ! Je bénis mes 27,000 âmes ! Je vous recommande d'entourer mon successeur. Gardez la coutume de la prière en commun. Gardez aussi cet esprit de famille, cette union qui règne dans la famille de Saint-Joseph. Entourez-moi de vos prières. »

Et les témoins de cette scène patriarcale redoublaient leurs prières, répétant surtout les invocations qu'il affectionnait particulièrement : Doux Cœur de Jésus, soyez mon amour ! Doux Cœur de Marie, soyez mon salut !

La mort approchant, sans que nul soin pût l'arrêter, la garde était moins sévère autour de lui, et l'on permettait aux plus intimes, et même aux autres, de pénétrer auprès du lit du mourant. Pour tous il avait une parole de cœur et de foi. A un des administrateurs de son église, il disait : « Qu'il fait bon mourir, quand on a pris toutes ses précautions ! » A un autre, un condisciple et un vieil ami : « Sois bon chrétien toujours ; il n'y a que cela qui reste. » A un de ses anciens vicaires qui pleurait, cette parole si délicate : « Pourquoi pleurez-vous ? Ce serait à moi, qui vais vous quitter. »

Les religieuses attachées à ses écoles défilant auprès de son lit, il fit à chacune une recommandation particulière ; à la sœur garde-malade qui se recommandait à ses prières : « Mon enfant, dit-il, aime Dieu et ne t'inquiète pas. »

Sur le seuil de l'éternité, où tout est amour et union en Dieu, son âme semblait se dépouiller de toutes les conventions du langage humain et se faire plus tendre, plus maternelle encore.

Sa famille était auprès de lui, lorsqu'il reçut les derniers sacrements ; il la bénit, en recommandant à tous de rester bien unis. Au plus jeune de ses neveux, il donna une bénédiction particulière, en ajoutant ces mots : « Il fait bon mourir prêtre. »

La chère paroisse était toujours dans son cœur et sur ses lèvres, au milieu des affres de la mort. A plusieurs reprises, il recommanda à ses vicaires le soin de ses pauvres malades. Comme les médecins lui faisaient observer qu'il recevait trop de monde, il leur répondit : « Je suis curé, chargé d'une paroisse, avant d'être malade. » Et toujours il s'inquiétait de ce qui se faisait à l'église.

Le dimanche qui précède sa mort, il indique le sujet qu'il désire que l'on traite dans l'instruction à faire aux enfants : c'est le respect et la reconnaissance dus aux prêtres. Le lundi, il parle de la messe qui va se dire pour les âmes du Purgatoire. « Voulez-vous, Monsieur le Curé, qu'on la dise pour vous ? — Non, répondit-il, il ne faut pas priver les âmes du Purgatoire ; quant à moi, il en sera ce que le bon Dieu voudra. »

Au milieu des douleurs des derniers jours, il était un vrai modèle de patience, ne se plaignant jamais, tenant son crucifix constamment dans les mains, pour s'encourager à souffrir. Quand on lui proposait de le soulever ou de le mettre dans une autre position, il répondait invariablement : « Cela n'a pas d'importance, faites comme vous voudrez. »

« Qui aurait pensé, dit la *Revue du Diocèse de Lyon*, que la nuit du lundi réservait au prêtre prédestiné que nous pleurons,

la plus terrible épreuve par laquelle puisse
passer un ami de Dieu : la satanique tentation du désespoir? Ce fut horrible. Un
cauchemar détermina cette noire vision
d'enfer, dont rien. ne pouvait détourner
l'agonisant. »

Etait-ce vengeance du démon contre un
prêtre d'une conscience si pure et d'un zèle
si actif? Etaient-ce les derniers efforts de
sa rage contre une âme sainte, sur le point
de passer à l'éternité et de lui échapper à
jamais? Quoi qu'il en soit, le moribond se
débattait contre une représentation hideuse
qui hantait sa pensée. « Ce sont des choses
que je ne connais pas, s'écriait-il, et je veux
mourir sans les connaître. » Vainement on
lui mettait son crucifix dans les mains, il
le détournait avec effroi. Vainement M. Le-
bas, supérieur du Grand séminaire, M. Belmont, vicaire général, son condisciple et
son ami, se pressaient autour de lui et lui
disaient d'avoir confiance. « Vous, répon-

dait-il, oui, vous pouvez avoir confiance, mais non pas moi ! » Il se reprenait quelques instants après : « Pourtant je ne suis pas un hypocrite !... Je n'ai rien à me reprocher !... Et cependant !... »

Enfin on eut l'idée de redire sa prière tant aimée et de la répéter plusieurs fois avec insistance : Doux Cœur de Marie, soyez mon salut ! A ce moment et comme par miracle, finit cette scène de désespoir qui désolait les assistants. Les lèvres du mourant reprirent leur bon sourire, son front sa sérénité, et la journée du mardi s'acheva dans un calme pieux. « Mon Dieu, répétait-il sans cesse, je veux tout ce que vous voudrez. » Et ses yeux se fixaient au ciel avec amour. Ou bien il bénissait encore les rares personnes qu'on laissait entrer à ce moment suprême. On peut dire qu'il est mort, comme il a vécu, en bénissant.

Les heures de la nuit, ces heures si longues lorsqu'elles se passent au chevet d'un mourant, s'écoulaient dans le calme, le silence, la prière à voix basse. M. Viennois avait conservé toute sa connaissance. Vers deux heures, un changement notable se fit ; ce pauvre corps agonisant se contractait et prenait une teinte livide : la mort était là, il n'y avait plus de doute possible. En un instant tout le monde fut sur pied à la cure, on récita les prières des mourants, et comme on les finissait, à deux heures et demie, le mercredi 27 janvier, jour consacré à saint Joseph, M. Viennois rendait son âme à Dieu.

Quand les fidèles vinrent à la messe de six heures, ce jour-là ils étaient nombreux, on leur apprit la douloureuse nouvelle. Bien qu'elle fût prévue, il y eut un moment de stupeur et de consternation ; par toute l'église on entendait des pleurs et des sanglots étouffés. Chacun avait perdu un père, et la grande famille paroissiale, atteinte d’un coup mortel, souffrait et gémissait par le cœur de tous ses enfants.

Le vénéré pasteur fut exposé sur un lit de parade, revêtu de ses insignes de curé ; sa figure n’avait pas changé ; la mort avait respecté cette expression de bonté sereine et souriante qu’il avait de son vivant. C’était à qui viendrait à cette chapelle ardente, prier auprès du bon et vénéré Père, faire toucher à ses mains sacerdotales qui avaient tant béni et qui étaient glacées maintenant par la mort, des chapelets, des médailles, des images et toutes sortes d’objets précieux. On le vénérait comme un saint, on le priait, et Dieu accordait instantanément, en considération de son serviteur, des faveurs inespérées. Une religieuse incapable depuis longtemps de faire la classe, recouvrait tout d’un coup auprès de ces vénérées dépouilles la voix et toutes les forces nécessaires. Chacun s’adressait à cette âme qui venait d’entrer au ciel, chacun lui demandait ce dont il avait le plus besoin, et M. le Curé était encore plus sollicité après sa mort que durant sa vie.

Le concours qui se fit à cette chambre mortuaire fut énorme ; pendant plusieurs jours le défilé ne cessa pas un instant. Dans la paroisse, c'était un deuil pour toutes les maisons, et les enfants de la rue eux-mêmes trouvaient le mot vrai, le mot du cœur, sur le vénéré défunt. « Vois-tu, disait l'un d'entre eux à son camarade âgé comme lui de dix ou douze ans, un curé, ce n'est pas comme les autres, ça fait du bien. Regarde le père Viennois qui vient de mourir : il en faisait, celui-là ! Il était riche et il est mort pauvre. »

Il disait juste, l'enfant du peuple. Quand il mourut, M. Viennois n'avait pas cent francs devant lui pour tenir sa maison, et il fallut, quelques jours plus tard, quêter dans les maisons amies pour payer les funérailles de cet homme qui avait eu peut-

être un moment près de quinze mille francs
de rente.

Ce fut le samedi, 3o janvier, qu'eut lieu
la cérémonie des funérailles. L'affluence fut
considérable, il fallait s'y attendre ; on y
voyait des officiers généraux, un député,
M. Malartre, un nombre imposant de cha-
noines de la Primatiale, et une foule de
prêtres et de religieux. Le vénéré pasteur fut
porté une dernière fois à travers les rues de
la paroisse qu'il avait tant aimée, et cette
marche funèbre au milieu d'une multitude
respectueuse, attendrie, où dominaient les
ouvriers, était un véritable triomphe. M. le
vicaire général Belmont donna l'absoute
et le corps fut transporté ensuite dans la
crypte de l'église.

Dès le premier jour, un sentiment était
venu de lui-même à tous les cœurs ; c'était
la piété filiale qui l'inspirait. Il fallait, se
disait-on, garder les dépouilles du bon et

16

vénéré Père, les garder dans la crypte qui lui était si chère, à côté des reliques du curé d'Ars et de tous les ex-voto pieux qu'il s'était plu à y rassembler, les garder au milieu des enfants qu'il avait tant aimés, au milieu d'un peuple auquel il avait donné sans compter, son temps, sa fortune, son âme, sa vie, et dans le cœur duquel il laissait de si impérissables souvenirs ! Il n'y a que le peuple chrétien qui ait de ces idées et de ces ardents désirs, et pour les héros chrétiens. Mais les règlements de police en ce moment sont-ils faits pour plier devant les désirs du peuple chrétien ?

N'importe, des tentatives généreuses furent faites et faillirent un moment être couronnées de succès. Deux membres du conseil de fabrique, le président, M. Ch., et le secrétaire, M. L., multiplièrent les démarches à cet effet. Mais une telle dérogation aux usages ne pouvait être obtenue administrativement. Un homme influent, un homme de cœur, **M. L. P.**, voulut bien plaider la cause des paroissiens de Saint-Joseph. Lui aussi connaissait le curé défunt, son grand cœur et sa vertu, et que de fois il l'avait aidé dans ses œuvres de charité ! Il comprit, et il n'eut pas de peine à démontrer, que permettre d'inhumer **M.** Viennois dans la crypte de son église était une œuvre démocratique au premier chef, et que personne ne pouvait raisonnablement s'en formaliser. On eut donc un moment une autorisation verbale ; et quelle allégresse, lorsque, après la cérémonie funèbre, le corps fut transporté à la crypte où il fut déposé provisoirement !

Pendant qu'on travaillait à obtenir l'autorisation définitive, des influences contraires s'exerçaient à l'Hôtel de Ville, et le 4 février, à 4 heures du soir, la municipalité fit prévenir que le lendemain, à 9 heures, le corps serait transporté au cimetière de Loyasse. Les vicaires ne purent que protester contre l'iniquité du procédé, et le lendemain quelques voitures seulement faisaient cortège à celui que des milliers d'ouvriers et de malheureux auraient accompagné à sa dernière demeure, si la paroisse avait pu être avertie.

Peut-être un jour viendra-t-il où le caveau de famille qui renferme la chère dépouille se descellera et la rendra à la grande famille religieuse dont le cœur la réclame. Mais si M. Viennois ne repose point dans son église, son souvenir y est vivant, et aujourd'hui encore, il n'est pas possible de prononcer en chaire le nom du bien-aimé pasteur, sans que les sanglots éclatent de toutes parts. Puisse cette précieuse mémoire se conserver longtemps ainsi au milieu de la vénération de tous, et garder avec elle, au fond des âmes, les principes qu'y a déposés le bon et pieux curé dont nous venons de raconter la vie !

« Nous savons par une expérience déjà longue que Notre-Seigneur bénit les cœurs dévoués aux intérêts de Saint-Joseph. »

(*Extrait d'une circulaire de M. Viennois aux Bienfaiteurs de la paroisse*).

TABLE DES MATIÈRES

Lyon. — Imp. Emmanuel Vitte. rue Condé, 30.